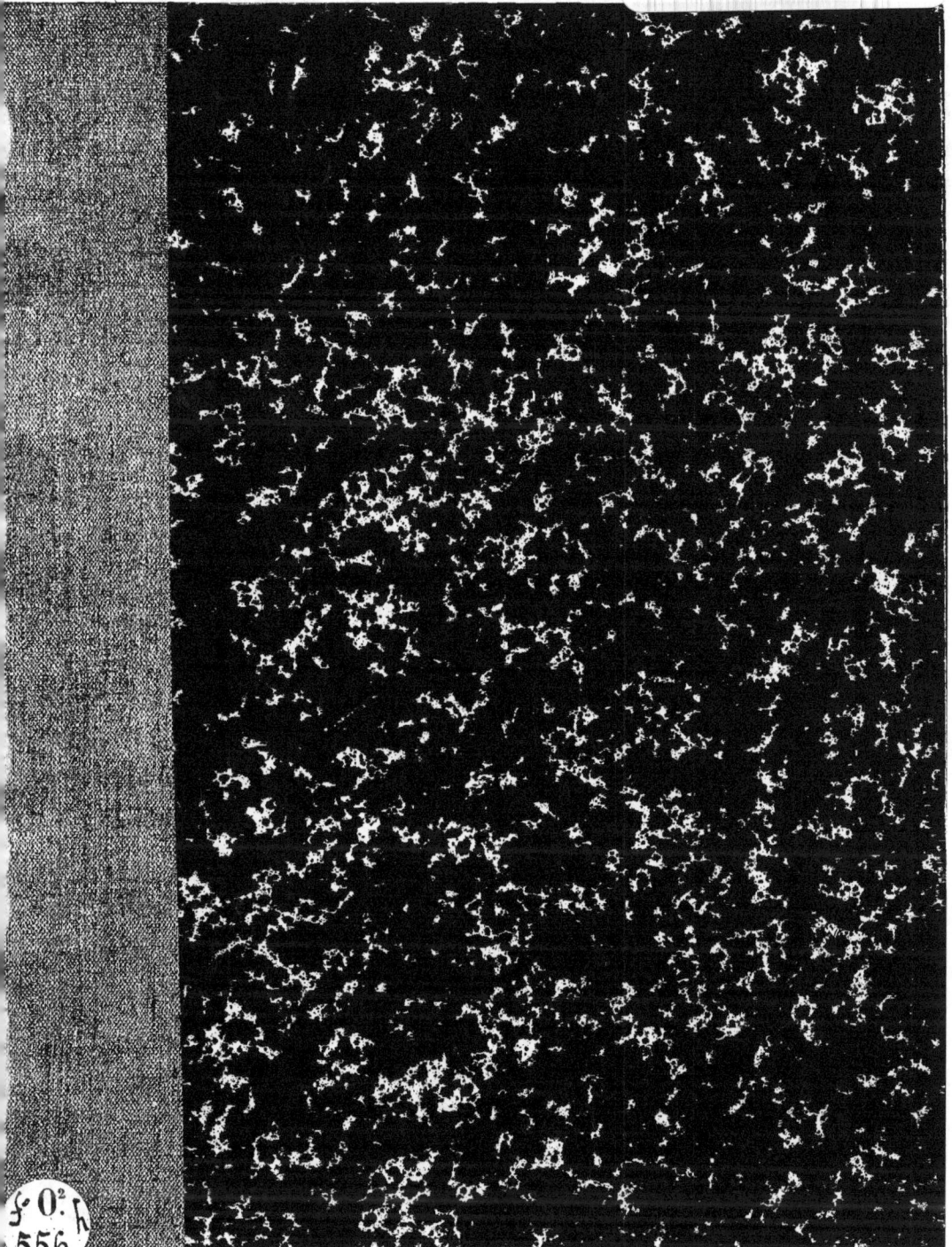

I0081849

f O² h
55

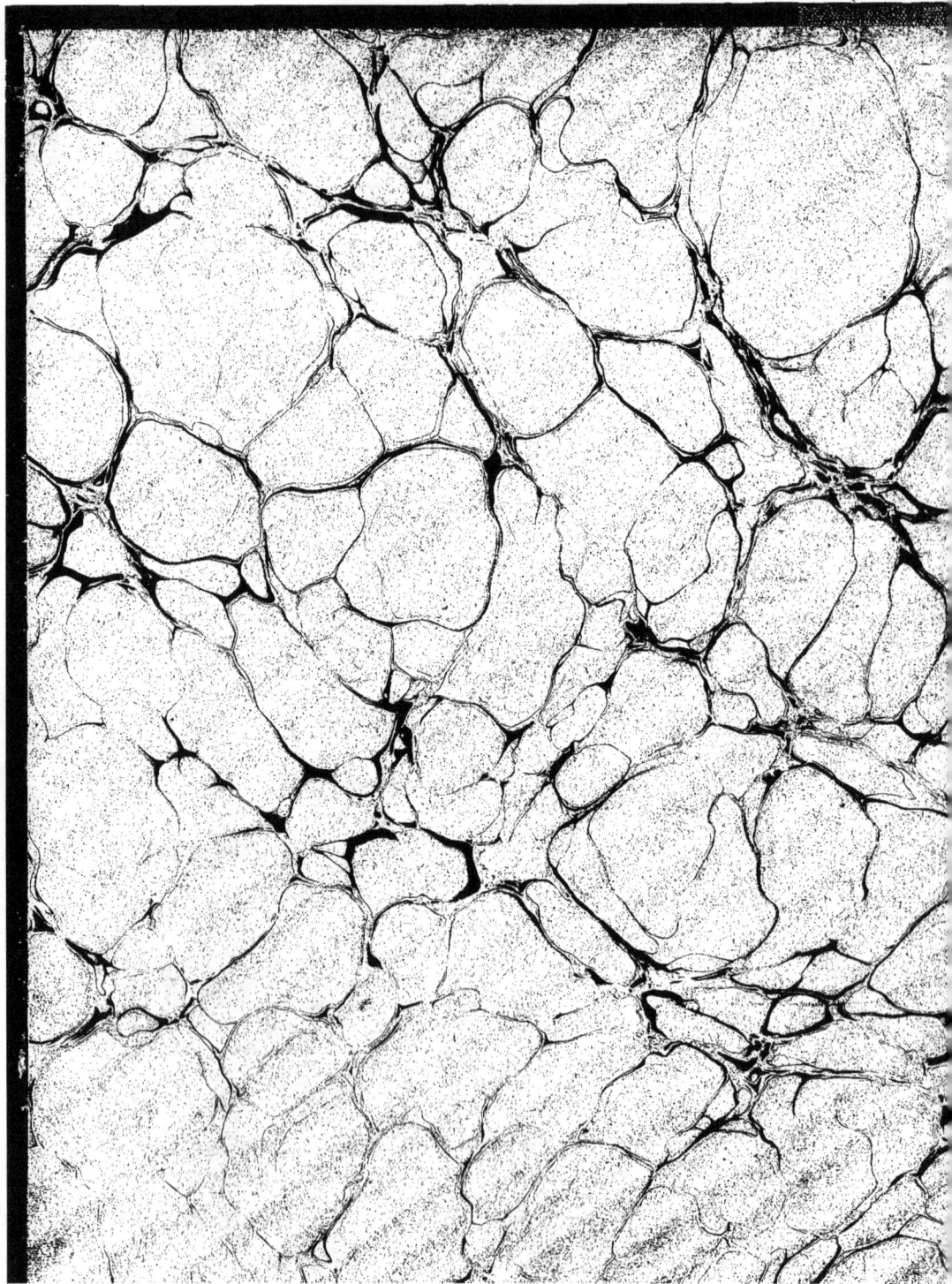

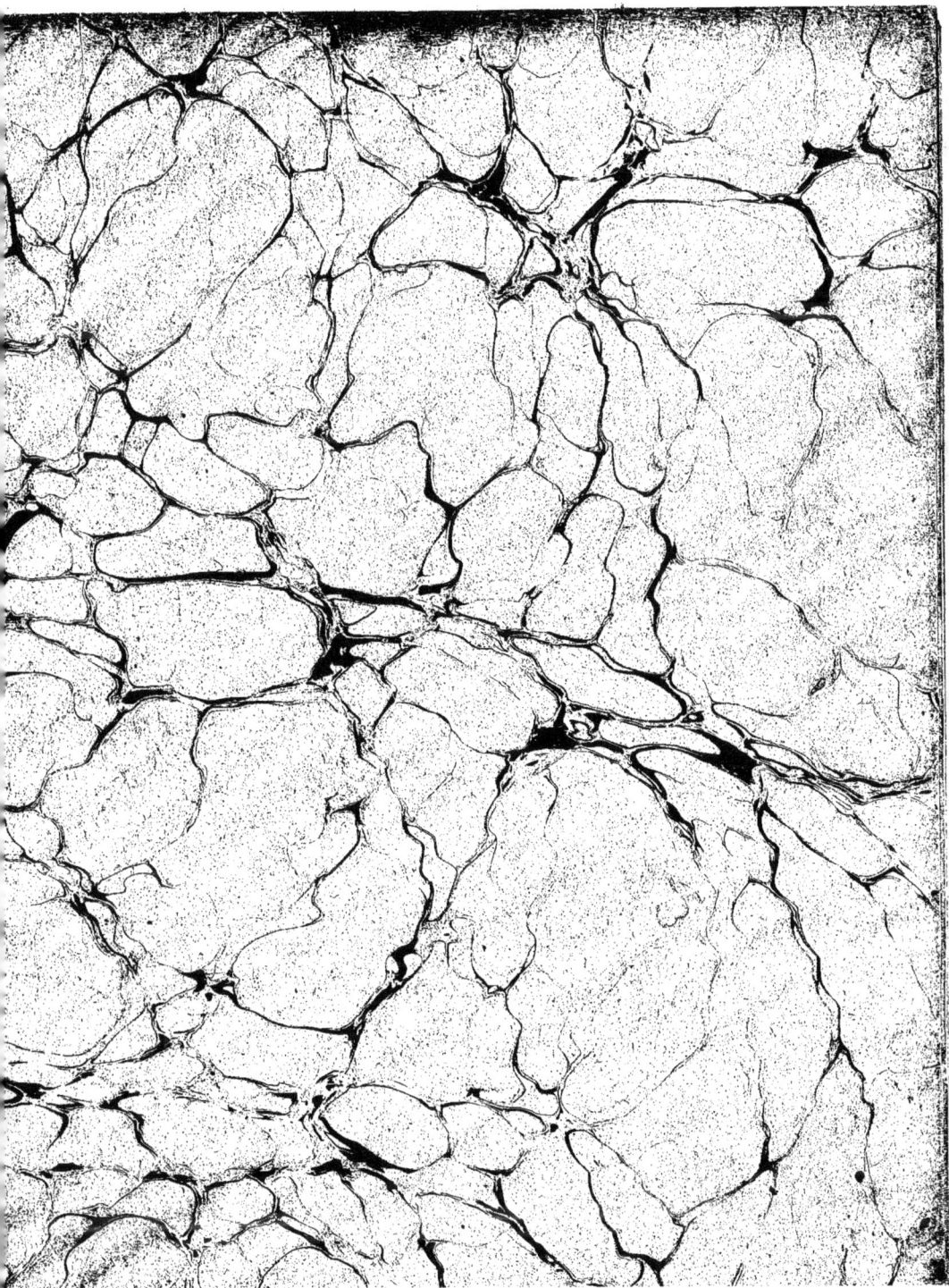

254 — 273

5236

Bibliothèque Nationale R.F. Imprimés

O²h
556

FOUILLES DE MOUSSIAN

(Conserver la Couverture)

PAR

J.-E. GAUTIER & G. LAMPRE

CHARTRES

IMPRIMERIE DURAND

9, RUE FULBERT

1905

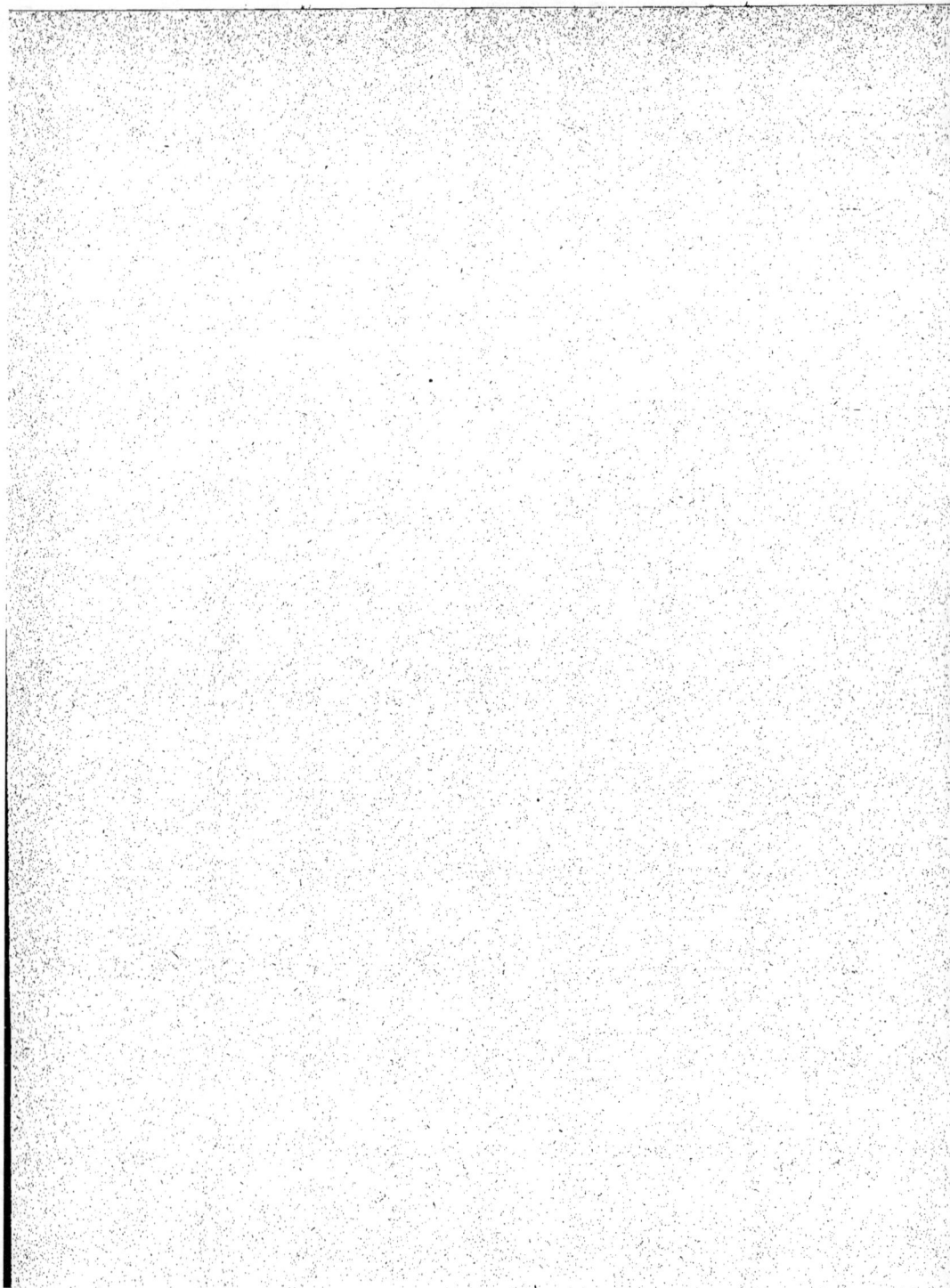

FOUILLES DE MOUSSIAN [1]

PAR J. GAUTIER ET G. LAMPRE.

BIBLIOTHÈQUE APF.J. IMPRIMÉS

GÉOGRAPHIE ET TOPOGRAPHIE DE LA RÉGION. — Les fouilles entreprises au Pouchté-Kouh, pendant l'hiver 1902-3, ont été inspirées par l'idée de reconnaître un groupement de tumuli dont le plus considérable porte le nom de Tépé Moussian.

Ces collines artificielles avaient, à diverses reprises, attiré l'attention des membres de la Délégation ; elles sont, en effet, visibles depuis la route qui mène de Suse à Kirmanchah et ne pouvaient manquer d'arrêter, par leur aspect particulier, les regards des voyageurs. Nous fûmes engagés, par ces observations, à tenter les recherches qui font l'objet du présent mémoire, notre but étant de déterminer, si possible, le rôle joué, dans l'histoire de l'Élam, par des sites antiques si voisins de la capitale du grand empire.

A l'ouest et à 150 kilomètres environ de Suse, on rencontre au pied même du Kébir-Kouh une large vallée, au sol remarquablement uni. Une succession de monticules s'y détache en relief et semble attester l'existence, dans les âges passés, d'une agglomération humaine assez importante.

Cette vallée est bordée, au nord, par les pentes abruptes du Kébir-Kouh ; au sud la chaîne du Djebel Hamrin la sépare seule de l'immense plaine de Mésopotamie.

Deux rivières, issues du haut plateau, le Tib et le Douéridj, arrosent ce territoire. Le Tib, au cours rapide, descend presque en ligne droite jusqu'à la trouée de Beyat, puis, frayant sa route au travers du Djebel Hamrin, va rejoindre le Tigre à la hauteur d'Amara. Plus sinueux, le Douéridj après avoir coulé dans la direction du sud s'infléchit à l'est pour aller se perdre dans les marécages.

[1] Toute la région dans laquelle nous avons pratiqué des fouilles porte ce nom générique, emprunté au tépé principal.

Mais ces rivières roulent des eaux saumâtres et absolument impropres à la consommation ; au sortir des défilés elles s'engagent dans la masse caverneuse des gypses qui constituent les assises inférieures de ces formations montagneuses qu'Élisée Reclus dénomme si justement le « Jura persan » ; là elles se chargent abondamment de principes salins. Néanmoins, de tout temps, elles ont été précieuses pour l'irrigation des cultures.

Cette remarque est capitale ; elle nous permettra de déterminer ce que furent jadis les habitants de la contrée et à quelle classe de la société ils doivent être rattachés. On voit, en effet, que les conditions physiques, qui n'ont pu se modifier, s'opposaient à l'établissement de centres populeux : le manque d'eau potable est catégorique à cet égard ; la région de Tépé Moussian ne fut donc jamais qu'un centre agricole. Les pluies abondantes d'hiver, tout en favorisant les cultures, four-nissaient, comme elles le font encore de nos jours, l'eau nécessaire à l'alimentation des agricul-teurs. Mais les étés de Susiane avaient vite fait de convertir la plaine en un désert aride et brûlant, le pays devenait inhabitable et l'obligation s'imposait aux cultivateurs de rechercher dans la montagne, en même temps que des campements plus frais, le voisinage des sources et les pâtu-rages pour leurs troupeaux.

Les anciens habitants du pays avaient fatalement, à peu de chose près, le même genre de vie que les tribus qui viennent aujourd'hui camper, durant l'hiver, sur les rives du Tib et du Douéridj.

La hauteur des tumuli pourrait faire croire à l'existence de villes importantes, mais, sans doute, ce ne furent que de simples bourgades. Pour la protection des cultures et des ouvriers agricoles, des fortifications puissantes entouraient les groupes d'humbles maisons ; au milieu s'élevaient des temples construits de matériaux modestes, en rapport avec la situation de ces populations rurales.

L'écroulement de ces ouvrages de défense et de ces édifices religieux expliquerait l'importance des buttes artificielles, et, notamment, la masse considérable que présente Tépé Moussian. Puis les guerres fréquentes, les ruines qui en étaient la conséquence, amenaient des réédifications successives qui ont augmenté d'autant le relief des tépés.

Ces tumuli parsèment la plaine sur une longueur de plus de 20 kilomètres, de l'est à l'ouest. En venant de Suse, c'est d'abord Tépé Patak que l'on rencontre, six kilomètres avant d'atteindre le Douéridj. La ruine principale mesure 12 mètres de haut ; c'était apparemment la citadelle d'une ville dont on retrouve, au nord, l'emplacement figurant un vaste quadrilatère.

A 5 kilomètres environ de Patak, dans la direction du sud, un coude du Douéridj enserre le site de Mourad-Abad, remarquable par son tépé de couleur jaune clair. A son pied de nombreux mamelons semblent être les vestiges d'une bourgade ; ils rejoignent la rive, que borde encore une sorte de quai.

Entre Tépé Patak et la rive du Douéridj, des tertres, en grand nombre, se confondent presque avec le sol uniforme de la plaine. Par contre, à peine a-t-on franchi la rivière, que surgit, à 3 kilomètres de distance, la silhouette de Tépé Moussian. La ruine se profile sous la forme d'une table de forme allongée, limitée à chaque extrémité par les pentes raides des talus.

Au sud de Tépé Moussian, Tépé Khazineh, Tépé Mohr, Tépé Aly-Abad et, à l'ouest, Tépé Mohammed Djafar, méritent d'être mentionnés ; il en sera, du reste, question par la suite.

Dans la direction du nord, Tépé Gourghan se dresse en forme de cône très élevé dépassant 30 mètres de hauteur ; nous y verrions volontiers les vestiges d'un zigurat auprès duquel devait s'abriter un village dont l'existence est révélée par une série de monticules.

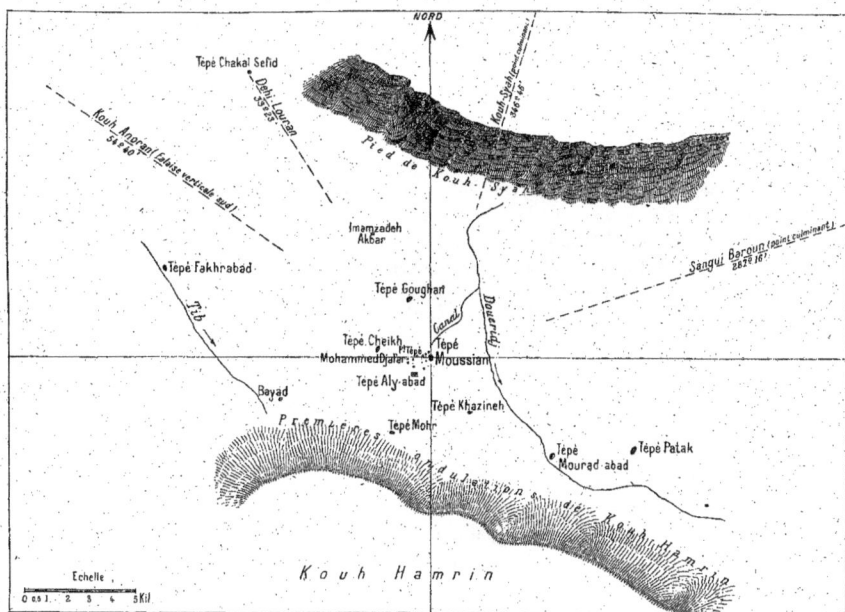

Fig. 94. — Carte de la région de Moussian.

Encore plus au nord, indiquons aussi Tépé Imamzadéh Akbar. Enfin, à 12 kilomètres de Tépé Moussian, dans la direction de l'ouest, Tépé Fakhrabad, affectant la silhouette d'un pain de sucre, apparaît sur la rive gauche du Tib.

A la trouée de Beyat, point signalé par les géographes, quelques ruines d'époque arabe couronnent les crêtes des collines ; il est probable, en raison de l'intérêt stratégique de ce lieu, qu'aux époques antérieures il avait dû être l'objet d'une occupation permanente (voir la carte fig. 94.)

La plupart des noms que nous venons de citer ont une origine toute moderne et même contemporaine. Quelques-uns affectent la terminaison *Abad* qui désigne en persan un lieu habité, comme Mourad-Abad, Aly-Abad. Ces dénominations proviennent de ce que tel ou tel chef, Cheikh Mourad ou Cheikh Aly, par exemple, vint camper en ces lieux et y fit quelques cultures.

Tépé Mohr (cachet, en persan) doit son nom à une trouvaille récente. Il en est de même de Khazineh dont l'expression a la valeur de poterie-vase.

Trois noms seulement pourraient être anciens, Moussian, Gourghan et Patak; nous ne pouvons leur appliquer aucune étymologie, ni arabe, ni persane.

DESCRIPTION DE TÉPÉ MOUSSIAN. — Tépé Moussian étant sans contredit le tumulus qui, dans cette région, suscitait le plus d'intérêt, c'est là que, de prime abord, nous avons décidé d'établir notre camp et d'entamer des travaux en vue de chercher à identifier le site.

L'énorme monticule est situé à une distance d'environ 7 kilomètres du Djebel Hamrin, tandis que 13 kilomètres le séparent de la pente rocheuse du Kébir Kouh. Le cours du Tib passe à 12 kilomètres, et celui du Douéridj à 3 kilomètres seulement. Une saignée de cette dernière rivière, qui a laissé des traces apparentes, irriguait le territoire; l'aspect de cet ouvrage permet de le considérer comme fort ancien.

La forme générale du tépé, bien qu'irrégulière, tend à se rapprocher d'un quadrilatère dont le grand côté, d'une longueur de 450 mètres, n'est pas exactement orienté au Nord, mais bien au N. 15° E.; sa plus grande largeur est de 300 mètres environ.

De profondes ravines le creusent capricieusement en tous sens, pénétrant parfois jusqu'au noyau central, sans interrompre cependant la continuité de la ligne de crête. Les massifs ainsi découpés se réunissent les uns aux autres par des sortes de chaussées qui, en certains points, n'ont qu'une très faible largeur.

On peut diviser l'ensemble du tumulus en deux parties distinctes : celle du Nord, de forme parfaitement rectangulaire, caractérisée par l'orientation N. 15° E. et celle du Sud qui, plus large que la précédente, est orientée presque exactement au Nord.

Un rempart encore nettement visible entourait le quadrilatère du Nord sur toutes ses faces. Il se présente sous la forme d'un talus aux pentes très raides ayant une hauteur variable de 4 à 10 mètres. Des brèches l'interrompent par endroits correspondant aux ravins qui s'enfoncent dans le tépé. Ces ouvertures ont dû souvent être causées par l'action des eaux, mais, en plusieurs points, elles marquent, sans doute, l'emplacement des portes de l'enceinte fortifiée.

Sur la face septentrionale le rempart, dont la hauteur atteint encore 11 mètres, est dans un état remarquable de conservation. En son milieu, une large avenue monte en pente douce pour gagner le sommet du plateau. Celui-ci s'étend dans la direction du sud, avec une hauteur moyenne de 13 à 15 mètres; une série de crêtes transversales rompt l'uniformité de sa ligne et donne les points les plus élevés du tumulus, avec les cotes de 17 et 18 mètres. Non loin du point où l'avenue, dont il vient d'être question, prend naissance, une de ces crêtes arrive à la hauteur

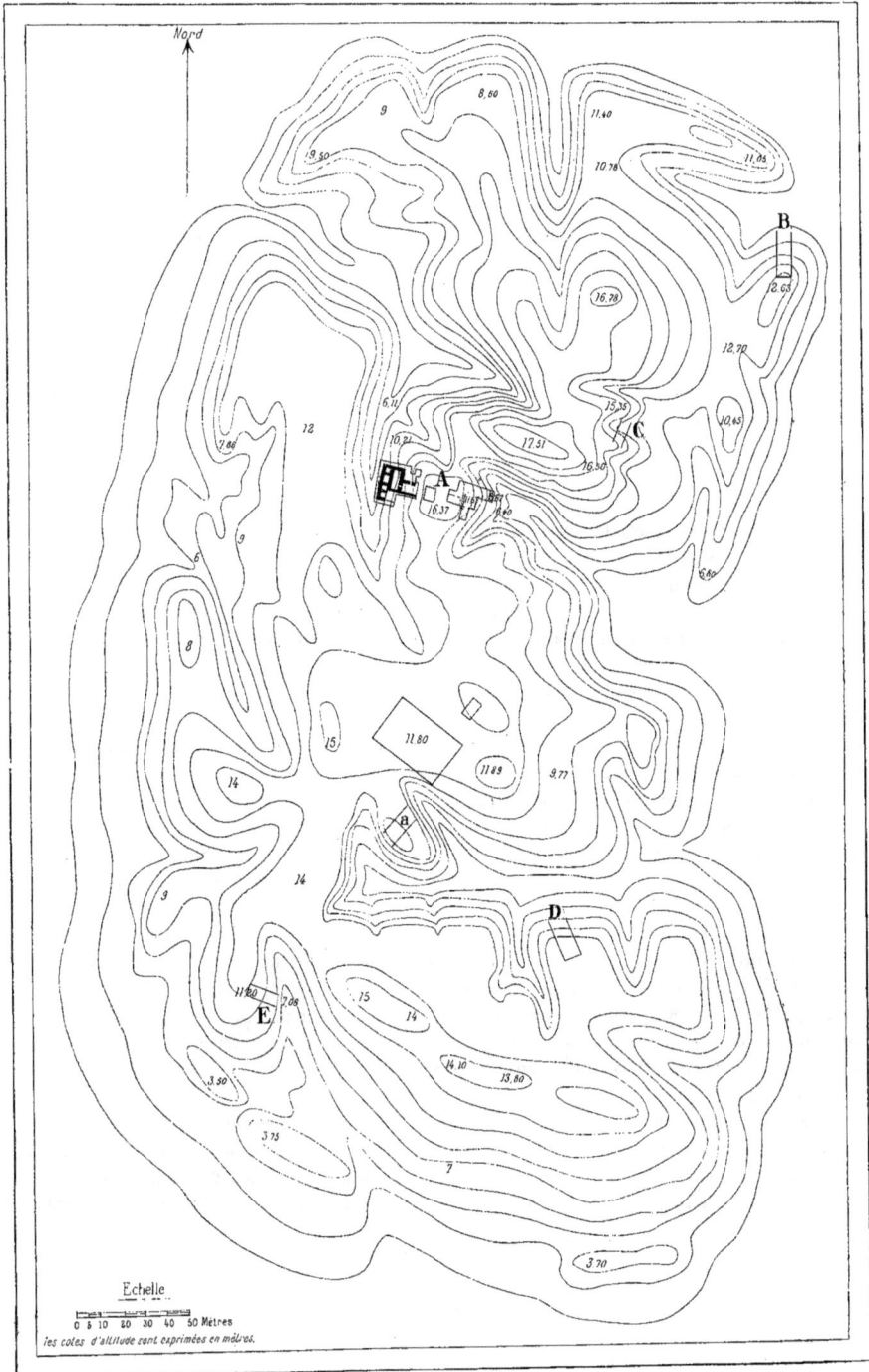

FIG. 95. — Plan de Tépé Moussian.

de 18ᵐ,75. Son versant méridional côtoie deux ravins qui délimitent un massif rectangulaire d'aspect très caractéristique (A du plan). C'est là que nos travaux ont mis au jour les vestiges d'un zigurat en briques crues.

Plus au Sud, après deux élévations parallèles à la précédente, le sol se régularise offrant à la cote de 13 mètres une large plate-forme qui servit d'assise à notre camp.

Au sud du camp, deux larges ravins séparent nettement les deux parties du tumulus ; celui de l'est est de beaucoup le plus important. Le rempart du quadrilatère vient, sur les deux faces, se relier par des retours à angle droit au massif central. Seule une étroite chaussée rattache celui-ci à la partie du sud.

Cette partie sud, caractérisée par une orientation différente, déborde largement, à l'est, l'alignement donné par le rempart qui borne sur cette face le versant du monticule dans la région du nord.

Le versant qui regarde le ravin de séparation est curieusement découpé en terrasses de forme carrée qui s'élèvent graduellement. Par contre, le talus méridional descend abrupt vers la plaine et n'en est séparé que par une enceinte peu élevée dont le tracé circulaire s'éloigne de la configuration rectiligne du tépé. Son aspect, autant que la nature des matériaux qui le constituent, nous engagent à le ranger parmi les constructions de basse époque.

TRAVAUX A TÉPÉ MOUSSIAN. — La campagne, commencée le 3 janvier 1903 prit fin le 3 mars de la même année. Pendant ces deux mois 140 hommes furent journellement employés aux fouilles ; ils étaient répartis en quatre équipés dont trois provenaient de la tribu loure de Kaïd-Khâni et la quatrième de celle du Cheik Mohammed Djafar, frère du précédent.

Notre premier soin fut de chercher à mettre le camp à l'abri d'une surprise. A cet effet, un fossé de 2ᵐ,50 de large sur 2ᵐ,50 de profondeur fut creusé avec rapidité ; les terres rejetées sur le bord formaient parapet, augmentant ainsi la défense. Nous avions donné au quadrilatère qui délimitait le camp les dimensions de 35 mètres sur 25 mètres ; un étroit passage était réservé sur une face pour servir de porte.

Tout en surveillant ce travail préliminaire qui, confié à des mains novices, exigeait notre continuelle présence, nous fîmes une reconnaissance en un point situé en contre-bas du camp et dans le ravin qui le borne sur sa face méridionale. Là, une sorte d'éperon de faibles dimensions fut coupé d'outre en outre par une tranchée de 5 mètres de largeur. Cette fouille conduite jusqu'au niveau du thalweg ne donna aucun résultat notable ; on dégagea cependant quelques arasements de murs primitifs, construits en gros galets, parmi lesquels se rencontrèrent des débris de poterie peinte.

Le creusement du fossé nous avait permis de reconnaître le sol sur lequel nous étions installés ; mais la faible épaisseur de la couche explorée ne nous fournit que des objets appartenant à des époques très diverses et sans enseignement d'aucune sorte. Il y a lieu de signaler cependant une gourde en poterie peinte de grandes dimensions (fig. 96) qui, par sa facture, nous semble postérieure à l'époque des poteries peintes que découvrirent ensuite nos tranchées à Tépé Moussian et nos fouilles dans les nécropoles voisines. Le fait qu'elle fut trouvée presque au niveau et à proximité de sépultures en jarres accolées, dont il sera parlé plus loin, vient confirmer cette opinion. Le décor se compose de trois séries de cercles concentriques noirs, partant du centre à la périphérie. Le petit cercle central circonscrit une étoile à cinq branches. Cinq traits coupent les grands cercles de chaque côté du goulot. Tous ces motifs sont peints en noir.

Au point marqué sur le plan un dallage en briques cuites fut déblayé sur 3 mètres de longueur : les briques étaient toutes de forme biaise et devaient provenir d'une voûte appartenant à un monument antérieur. Ce dallage, assez irrégulier de facture, doit être considéré comme le plancher d'une habitation de basse époque. Dès lors, il était sans intérêt d'en poursuivre le déga-

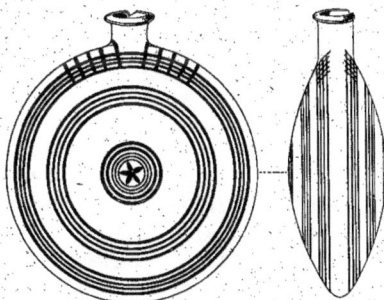

FIG. 96. — Gourde en poterie rouge, décor noir, 1/6 gr. nat.

gement ; du reste, nous ne pouvions sacrifier le camp qu'il nous avait fallu retrancher au plus vite pour parer aux difficultés que, dès notre arrivée, nous avions dû prévoir.

Deux sépultures, qu'on peut attribuer à l'époque élamite, furent rencontrées au cours de ces travaux. Le type en est connu. Suse et les nécropoles de basse Chaldée en ont fourni de nombreux spécimens. Le sarcophage, en terre cuite, se compose de deux vases de dimensions inégales s'emboîtant par le col. Une de ces tombes contenait, outre les ossements, une coupe d'albâtre et un anneau de bronze.

Tout en poursuivant l'installation de notre campement nous avions examiné avec soin le tumulus pour y rechercher un point d'attaque.

Parmi les débris de surface on ne trouve à Tépé Moussian aucun fragment de poterie vernissée caractéristique des époques parthe et sassanide ; le verre y fait également défaut. Les spécimens recueillis sur le sol se composent principalement de casseaux de poterie peinte, fine où grossière, de vases et statuettes d'argile cuite, de broyeurs à grain, de galets ayant servi de supports de gonds de portes, et enfin de briques cuites. Ces objets, d'un cachet archaïque très accusé, se rencontrent indistinctement sur toute l'étendue du tumulus.

Au centre, une surélévation (A du plan), qui affectait une forme rectangulaire, avait attiré notre attention ; son aspect nous faisait supposer qu'elle devait marquer la place d'un temple ou d'un palais.

Ce massif haut de 16 mètres, aux arêtes rectilignes qui se recoupaient à angles droits, était orienté au N. 15° E. selon le relèvement de sa face orientale. Normalement, un ravin profond venait rencontrer le talus en un point situé à 7 mètres de hauteur. Profitant de cette disposition,

2.

nous résolûmes d'y ouvrir une tranchée destinée, dans notre pensée, à couper complètement cette partie du tumulus. Nous pouvions ainsi, à l'aide d'une fouille n'ayant pas un développement excessif, en étudier la structure intime sur 9 mètres de hauteur et cela au centre même du monticule.

Nos ressources modestes, le manque de matériel et le peu de temps dont nous disposions nous empêchaient d'entreprendre un travail de longue haleine que nous n'aurions pu mener à bien.

Nous ne pouvions donc songer à déblayer les monuments que le haut plateau de Tépé-Moussian recélait dans ses flancs. Notre effort devait s'attacher à obtenir une coupe des étages du tumulus, et, surtout, à rechercher des documents épigraphiques pouvant permettre d'identifier le site et l'origine des constructeurs de la vieille cité.

Le rectangle qui se dessinait si nettement, mesurait 20 mètres de longueur dans la direction du Nord; son autre face, plus longue, atteignait 30 mètres. Au Nord et au Sud, des dépressions en forme de cols reliaient ce massif aux régions voisines. Moins abrupt que l'autre versant, celui de l'Occident longeait une sorte de vallon dont le thalweg était à la cote de 8 mètres.

Notre première attaque pratiquée dans la partie supérieure de la face orientale rencontra, presque en surface, un pan de mur construit en briques cuites dont il ne restait qu'un arasement de 0^m,60 de hauteur. Cette construction, sans grand aspect, se composait de matériaux disparates : les briques appartenaient à des époques diverses ; on y rencontrait aussi des blocages faits de grosses boules d'argile; enfin elle avait subi une restauration grossière en briques crues.

Plus haut, sur le sommet, fut dégagé un dallage de briques cuites qui, lui aussi, était de mauvaise facture ; il ne fut pas possible de déterminer si ce dallage et le mur faisaient partie du même monument. Cependant il y a lieu, croyons-nous, d'y voir un édifice à gradins ; mais les escaliers conduisant d'un niveau à l'autre avaient disparu.

Ces vestiges témoignaient que, dans le sous-sol, avaient existé des appareils en briques cuites, et qu'après leur ruine, les matériaux en avaient été employés pour servir à l'édification de nouveaux monuments, qui, eux-mêmes, furent l'objet de restaurations assez frustes.

Quant au dallage, il est vraisemblablement postérieur et date, peut-être, de l'époque des murs en briques crues rencontrés en surface sur le sommet.

Ainsi l'aspect de plus en plus misérable des constructions superposées témoignait de la décadence qui a dû marquer les dernières années de la vie active à Tépé Moussian.

Dans l'ignorance où nous nous trouvions, au début, de l'importance que pouvait avoir le mur ainsi découvert, force nous fut, pour le conserver, de reporter la tranchée à quelques mètres plus au Nord. Mais là, poussée en profondeur jusqu'au niveau du thalweg, sans rien rencontrer, elle nous permit de constater que le sous-sol de la région était uniquement formé d'un énorme terrassement. Cette fouille fastidieuse n'amena même pas la découverte des menus débris qui se trouvent toujours en abondance dans les couches remaniées. Il semble donc que ce terrassement n'était autre que la plate-forme destinée à l'assise d'un édifice presque complètement disparu.

Deux équipes, en même temps, attaquaient le massif, l'une au sommet, l'autre sur sa face occidentale.

Le premier chantier, conduit à travers un sol dur et compact, fut bientôt abandonné ; les travailleurs en furent distribués dans la fouille pratiquée à l'Ouest, qui, précisément, dégageait les murs d'une importante construction en briques crues.

Pour reconstituer le plan d'une partie de cet édifice, nous fîmes déblayer une série de chambres dont les murs subsistaient encore sur une hauteur de 1 mètre. La face occidentale, mesurant 20 mètres de longueur, était orientée au N. 7° E., tandis que les constructions existant sur l'autre versant faisaient avec la méridienne un angle plus fort : il était, comme on l'a vu, de N. 15° E. Cette remarque nous fut, par la suite, d'un grand secours pour classer, par ordre d'ancienneté, les murs qui furent recoupés à divers étages par les travaux poussés plus avant dans le tumulus.

Le monument que nous venions de dégager, portait, en effet, de nombreuses traces de restaurations successives ; mais, tandis que les unes observaient exactement les alignements de l'édifice primitif, les autres, appartenant sans doute à l'époque des bâtiments de la face orientale, reproduisaient leur orientation de N. 15° E. Ce n'étaient du reste que des arasements sans importance, et nous prîmes le parti de les sacrifier pour ne conserver que les portions qui, plus anciennes, pouvaient concourir à la détermination du plan.

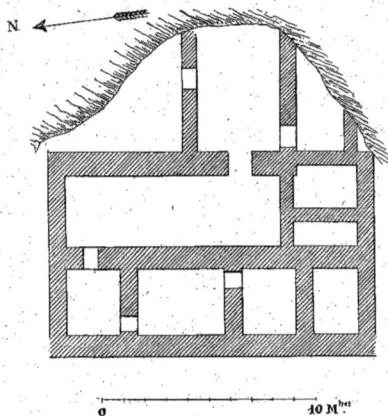

FIG. 97. — Plan des constructions découvertes à Tépé Moussian
(au point A du plan).

Ainsi déblayé l'édifice fournit, à l'Ouest, une première série de quatre chambres se suivant en façade ; en arrière se trouvait une longue salle à laquelle succédaient deux petites pièces ; un large couloir, perpendiculaire à la direction de la façade, aboutissait en contre-bas d'un dallage qui, lui-même, s'engageait dans le massif ; faute de temps nous ne pûmes explorer plus avant cette partie. Sans doute des escaliers reliaient les étages et donnaient accès à des portes dont le seuil était encore visible, mais toute trace des degrés a disparu.

Dans quelques-unes des chambres, un cordon de briques courant le long du mur indiquait le niveau du dallage ; le milieu de la pièce en était dépourvu, soit qu'il eût été défoncé en vue de rechercher les cachettes qu'il pouvait recouvrir, soit que le sol eût été primitivement en terre tassée.

Ce travail de déblaiement ne nous fournit aucun débris digne de remarque ; les quelques fragments de poterie qui en proviennent sont de pâte grossière et n'ont aucun caractère.

Les angles des chambres, tant à l'intérieur qu'à l'extérieur, furent soigneusement explorés : aucun dépôt de fondation ne s'y trouvait.

L'exploration des murs à leur base vint cependant nous apporter un renseignement de quelque valeur. Dans l'assise inférieure du mur nous avons trouvé un morceau de brique cuite engagé à même la maçonnerie. La cote du point étant de 9 mètres environ, c'est donc plus bas qu'il faut aller chercher le niveau des constructions en briques cuites. Ces fondations contenant parmi leurs matériaux un débris de cette nature, il devient évident que les édifices en briques cuites sont antérieurs et que leur niveau doit être recherché plus bas encore. D'autre part, le grand terrassement signalé à l'Est et retrouvé jusqu'à 7 mètres de hauteur au-dessus de la plaine, rabaisse d'autant l'étage qu'il convient de leur assigner.

Ayant atteint, là aussi, le niveau du thalweg, il ne nous était pas possible d'aller plus profondément. Pour descendre plus bas il eût fallu procéder au creusement d'un puits, travail long et pénible qui ne fournit que des renseignements localisés dans le champ retréci du sol exploré.

Le temps, d'ailleurs, nous manquait pour entamer un semblable travail dont le résultat était problématique.

Le déblayement de cet édifice n'avait pas duré moins d'un mois et demi ; il avait été particulièrement délicat, car rien n'est malaisé comme de suivre le tracé de murailles en briques crues au travers des éboulis qui en proviennent, les uns et les autres arrivant à se confondre par l'identité de couleur et de consistance.

Pour atteindre le niveau très profond où l'on pouvait espérer retrouver les assises des monuments en briques cuites il eût fallu enlever une telle masse de déblais que cette entreprise eût nécessité de longs mois et des équipes nombreuses, sans compter le matériel indispensable de wagons et de rails, dont le transport était presque impossible en raison des distances et de l'insécurité de la région.

En outre, l'intérêt capital qui nous poussait à la recherche des monuments en briques cuites consistait dans l'espoir de trouver quelques documents épigraphiques ; mais, malgré leur nombre considérable, aucune des briques recueillies pendant les travaux ne portait trace d'inscriptions. Les textes, si tant est qu'il en ait existé à Tépé Moussian, devaient donc être très rares, et, dès lors, bien faible était la chance de mettre la main sur l'un d'eux.

Ainsi qu'on l'a vu, les points les plus bas auxquels nous pouvions atteindre étaient, à l'Est, de 7 mètres, et, à l'Ouest, de 8 mètres au-dessus du niveau de la plaine. Nous avions fait ainsi un déblai considérable, la hauteur du monticule au point d'attaque arrivant à plus de 16 mètres. Le résultat obtenu était qu'on ne pouvait espérer trouver dans cette couche que des monuments en briques crues ; l'approfondissement de ces fouilles était, d'autre part, impossible, car, arrivés au thalweg des ravins, nous ne pouvions plus évacuer les déblais sans avoir soit à les remonter, travaillant ainsi en puits, soit en prolongeant les tranchées jusqu'aux faces du tépé et la distance, de part et d'autre, dépassait 50 mètres. Nous prîmes la résolution, à ce moment où il ne nous restait plus que deux ou trois semaines avant la suspension des travaux, de sonder des points qui, par leur configuration, avaient éveillé notre attention.

C'est ainsi qu'une tranchée fut ouverte au point B (voir le plan fig. 95) en vue de reconnaître le rempart à l'angle N.-E. du monticule. L'inclinaison très raide de son talus nous facilitait la besogne, et, profitant d'un ravin dont la pente faible donnait accès au pied même du mur d'enceinte, nous pûmes, en peu de jours, constater que celui-ci n'était formé que d'un terrassement sans doute revêtu, jadis, d'un mur extérieur de soutènement dont aujourd'hui il ne reste pas trace.

Non loin de là un sondage fut poussé dans le revers d'un vallonnement où des débris de briques cuites abondaient en surface. Cette recherche amena la découverte d'un four à briques de basse époque. Les produits de cette fabrication différaient notablement de la belle brique cuite dont il faut localiser le niveau entre 5 et 7 mètres au-dessus de la plaine.

En face du camp, en un point D appartenant à la partie méridionale du tumulus, nous fîmes ouvrir une tranchée dans le talus d'un ravin dont la forte pente dessinait, avec des retours en équerre, une sorte de redan. Là encore il n'y avait qu'un terrassement où s'étageaient des lits de cendres alternant avec des radiers de gros galets. Mais, du moins, y recueillit-on de nombreux casseaux appartenant à la poterie décorée à pâte fine, des statuettes d'argiles, de menus objets votifs, tous ayant un aspect très archaïque (voir le plan fig. 95).

Plus au Sud, et à peu de distance de l'angle S.-O. du tumulus, une tranchée fut pratiquée au flanc d'un plateau de 12^m,60 d'élévation ; la cote du point d'attaque était de 6 mètres. Outre la configuration de l'endroit, l'abondance extraordinaire des fragments de poterie décorés qui jonchaient les pentes du tell avait guidé notre choix (point E, voir le plan fig. 95).

Là, comme ailleurs, la coupe obtenue révélait la présence de lits de cendres et de radiers superposés, attestant les remaniements fréquents dont Tépé Moussian fut l'objet. Mais, lorsque l'avance des travaux nous permit d'atteindre les couches profondes, on obtint une quantité énorme de fragments de la belle poterie fine, qui est aussi la plus archaïque. Aussi en ce point primes-nous le parti de pousser le travail en profondeur, lorsque le chantier eut rejoint le niveau du thalweg. Des escaliers, aménagés pour permettre le va-et-vient des ouvriers, assuraient le transport des déblais. La fosse fut conduite jusqu'à la cote de 2^m,50 *au-dessus de la plaine,* fournissant en abondance les échantillons les plus variés de belle céramique. Au point le plus bas, cependant, celle-ci disparaissait pour faire place à quelques spécimens de silex taillé.

L'ensemble de ces travaux nous permet de suivre pas à pas l'évolution de la civilisation naissante qui se fit jour dans cette vallée de la Susiane occidentale.

Au ras de la plaine les premiers âges de l'humanité se manifestent par la présence du silex taillé ; bientôt, sans transition, surgit l'époque de la poterie décorée à pâte fine, la plus ancienne et la plus belle en même temps ; les motifs qui s'y rencontrent feront l'objet d'une étude détaillée.

Puis apparaît, en même temps que le bronze, une céramique également décorée, mais de pâte et de facture plus grossières : il semble que c'est vers 5 mètres d'altitude qu'on doit localiser ce gisement qui pourrait bien coïncider avec celui de la brique cuite. Les spécimens de cette fabrication sont moins nombreux que ceux de la céramique à pâte fine ; les deux variétés se rencontrent, cependant, mélangées à ceux de tous les étages supérieurs du tumulus.

Il est facile de fixer le niveau inférieur d'une période historique ; la limite supérieure qu'il convient de lui assigner est, par contre, malaisée à déterminer, car les débris caractéristiques qu'elle a laissés ne sont plus localisés dans une seule assise, mais se rencontrent partout dans les couches plus élevées où les remaniements nombreux dont le site a été l'objet les ont successivement fait remonter.

L'explication en est simple : une ville étant ruinée à la suite d'une guerre malheureuse, lorsque la situation politique en permettait la réédification, on commençait par niveler les décombres afin de faire une plate-forme devant servir d'assise aux constructions nouvelles. Soigneusement recueillis, les casseaux, les pierres, les gravats étaient employés de manière à en consolider les fondations ; c'était là matière précieuse, dans une région alluvionnaire. Les galets de rivières, les pierres de la montagne étaient loin du pied d'œuvre, il était plus rapide et moins pénible d'employer les matériaux trouvés sur place. Ces lits de fondation semblent avoir été l'origine des radiers que nous avons signalés et qui se montrent en strates parallèles dans presque toutes les coupes du tumulus que nos fouilles ont obtenues.

L'érosion des pentes mettant à jour ces radiers explique facilement l'abondance des casseaux qu'on observe en surface.

Comme nous l'avons dit, c'est entre 5 et 7 mètres de hauteur que nous croyons devoir localiser l'époque de la brique cuite. Là, peut-être, eût-il été possible de recueillir des documents permettant l'identification du site. Mais les transformations successives qui, au cours des âges, ont bouleversé Tépé Moussián, ont si bien modifié son aspect qu'aucun indice ne pouvait guider nos efforts dans la recherche de la région où les constructions de cette époque avaient été établies. Quelques-unes des constructions en briques cuites devaient être d'une architecture assez soignée à en juger par un spécimen de brique curviligne qui constitue manifestement un élément de colonne cannelée.

Nous devions donc recourir uniquement au hasard et, sous ce rapport, le hasard ne nous fut pas favorable.

A *10 mètres* de hauteur nous voyons apparaître les monuments en briques crues ; établis sur une plate-forme dont le remblai atteint plus de 3 mètres d'épaisseur, ils paraissent avoir fait partie d'un zigourat qui couronnait cette partie du tumulus.

L'édifice religieux, après une série de restaurations, est remplacé par un bâtiment dont l'orientation diffère ; sans doute le précédent avait subi une ruine complète. Le nouveau temple est, lui aussi, à plusieurs reprises, l'objet de restaurations. Mais il est à remarquer que, dans cette succession, l'aspect, à mesure qu'on se rapproche des sommets, devient plus misérable, témoignant ainsi d'une décadence progressive.

Aucun débris pouvant se rapporter aux époques parthe et sassanide ne se rencontre : il est donc probable que la vie active de Tépé Moussian prit fin avec la période élamite.

Le tumulus s'est refusé à nous livrer son nom antique. Était-ce une ville purement militaire, ou bien une grosse bourgade de cultivateurs ? Les recherches que nous y avons pratiquées nous laissent indécis à cet égard.

Nous voyons au centre de Tépé Moussian une vaste construction en briques crues, temple sans doute, du type connu en Chaldée sous le nom de zigourat. Une enceinte fortifiée entourait la ville qui, à cette époque, était peut-être limitée à la partie septentrionale du tumulus et affectait la forme d'un quadrilatère mesurant 350 mètres sur 250. Nos travaux n'ont pas relevé l'existence d'autres édifices, bien qu'il existât sans doute un palais couronnant les hauteurs principales de la butte, au Nord du temple. Les coupes pratiquées un peu partout dans le tumulus nous ont, d'autre part, révélé sa structure, composée d'une succession de radiers, de galets, casseaux et gravats alternant avec de minces couches de cendres. Chacun de ces étages marquait une des crises qui, amenant la ruine de la cité, était suivie de sa réédification. Nous considérons ces radiers comme étant les fondations des maisons qu'occupaient les habitants de la ville ; les cendres provenaient de l'incendie des toitures. A l'aspect de ces couches on peut juger que les demeures étaient faites en terre tassée et couvertes de chaume. Elles ne différaient guère des abris qui se groupent aujourd'hui sur les rives du Karoun et l'étude du procédé de construction employé de nos jours ne manquera pas de jeter quelque lumière sur la nature des habitations antiques.

Voici comment opèrent les riverains du Karoun pour édifier leurs chaumières. Tout d'abord un fossé de faible profondeur est creusé, figurant sur le terrain le plan qui a été adopté. Selon les ressources du pays on y jette, comme fondations, des pierres, des galets, des gravats ou même simplement du mortier d'argile que l'on tasse ensuite avec soin. Le mortier destiné à la confection des murs se prépare en délayant de l'argile, de manière à en faire une pâte plastique à laquelle on incorpore parfois une certaine quantité de paille hachée. Ce mélange acquiert en séchant une plus grande dureté, mais la valeur que représente la paille pour ces populations pauvres, les engage à s'en passer le plus souvent ; il est vrai que l'argile, si abondante partout, est d'excellente qualité et qu'employée seule elle suffit à donner aux murailles une solidité assez grande.

Le mortier, quel qu'il soit, ayant acquis la consistance voulue, on commence, sur tout le pourtour, à édifier le mur sans dépasser une hauteur de 0^m,80 environ ; on a soin de réserver l'emplacement de la porte qui, le plus souvent, est la seule ouverture que possède ce type de construction. On attend alors que la première assise se soit asséchée suffisamment. Lorsque, sans danger de le faire ébouler, on peut continuer l'élévation du mur, l'ouvrier y procède en construisant une assise pareille à la précédente, mais de hauteur un peu moindre.

Parfois un lit de galets sépare les deux premières assises ; cette particularité est fréquente lorsque la construction doit avoir une grande hauteur telle que pour les murailles destinées à servir d'enceinte aux vergers. Pour les maisons, la hauteur du mur ne dépasse pas 2 mètres en général ; il supporte directement la toiture.

Le bois faisant presque complètement défaut, la charpente est remplacée par des roseaux empruntés aux marécages si répandus dans la région ; on les réunit en faisceaux qui, courbés en forme de cintres, viennent s'appuyer par leurs extrémités sur la crête des murs. A l'intérieur de la maison, de simples morceaux de bois, servant de colonnes, soutiennent le faîte qui n'est autre qu'un faisceau semblable aux précédents mais plus fort de diamètre. Un clayonnage, également en roseaux recouverts de chaume, complète la toiture.

Il y a lieu de supposer que ce mode de construction, imposé par la pauvreté des matériaux que fournit le pays, remonte à la plus haute antiquité, et que les habitations qui composaient l'agglomération de Tépé Moussian ne devaient pas sensiblement différer de ce type. Dans nos coupes à Tépé Moussian on voit, en effet, apparaître des couches où les cendres se mêlent à des végétaux carbonisés, débris ayant appartenu à des roseaux ou à des herbes de marécage.

Ces couches, de faible épaisseur, proviennent de l'incendie des toitures qui, seules dans l'ensemble de la construction, étaient attaquables au feu. Des observations recueillies découle naturellement la certitude que la disposition des toitures antiques, ainsi que les matériaux qui les constituaient, étaient analogues à ceux qui, de nos jours, sont employés dans les constructions que nous venons de décrire. Quant aux murailles, on ne peut douter qu'elles ne fussent identiques aux murs modernes, à en juger par les radiers de galets, seuls vestiges dont l'écroulement des parois ait laissé la trace.

SÉPULTURES DE TÉPÉ KHAZINEH

Les fouilles de Tépé Moussian ne nous avaient livré aucun vase entier et nous étions anxieux de nous procurer quelque spécimen de cette céramique si intéressante.

Les nomades, à qui furent montrés les fragments déjà recueillis, nous informèrent, après force questions, que, peu d'années auparavant, des poteries intactes de ce même type avaient été trouvées par eux, en un lieu tout voisin nommé Tépé Khazineh. Cette découverte était due au creusement d'un canal d'irrigation dont le tracé était venu couper la base du tumulus. Autrefois sans dénomination, le tépé avait reçu, de ce fait, le nom de Khazineh qui signifie, en dialecte lour, « l'endroit des cruches ».

Le tertre, d'une hauteur de neuf mètres environ, apparaît à trois kilomètres de Tépé Moussian, dans la direction de l'Est. A sa partie la plus élevée il est couronné de tombes musulmanes dont la présence nous interdit, en ce point, toute tentative de fouille. Il se termine, au Sud, en pente très douce par un éperon que vient entamer le canal. C'est là que se porta notre attaque.

Les sépultures de Tépé Khazineh sont d'aspect fort archaïque et de types très divers. On y rencontre, côte à côte, l'amas de cailloux roulés et la tombe proprement dite, de forme rectangulaire. Dans cette dernière, le radier et les assises inférieures sont constitués de gros galets ; les parois sont formées de briques crues.

Le mobilier funéraire se compose de vases à figurations animales ou végétales, peintes en rouge et noir, de cruches et de supports de vases en argile jaune, sans aucune décoration, de jattes en pierre et de petits vases en albâtre, simples ou couplés. Tous ces objets sont déposés le long des parois, sans ordre régulier, pêle-mêle avec les armes.

Ces dernières, haches, têtes de lances, pointes de javelines, sont en bronze. Le métal est rare, mais habilement travaillé. Dans la sépulture en amas, avec les armes, se trouvait une fine coupe de bronze.

Nous avons également recueilli à Tépé Khazinèh une belle hache en pierre polie.

Les ossements avaient tant souffert de l'action des siècles et des intempéries qu'ils n'ont pu fournir aucun renseignement sur le mode d'inhumation. On ne les découvrait qu'à l'état de débris presque entièrement effrités.

De la diversité des sépultures on peut conclure que le site de Tépé Khazinèh a été employé comme nécropole à des âges successifs, mais fort anciens. La simplicité du mobilier, le manque presque absolu d'objets de parure, confirment ici encore nos précédentes considérations sur la condition humble de la race qui peuplait ce pays.

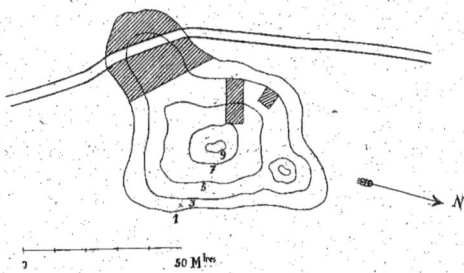

Fig. 98. — Plan de Tépé Khazinèh.

Les vases découverts à Tépé Khazinèh sont étudiés au chapitre de la céramique ; on remarquera parmi eux un fragment de poterie fine à fond verdâtre et peinture noire. La représentation est celle d'une ronde de figures humaines traitées dans le style des poteries peintes de l'époque préhistorique égyptienne. Ce fragment n'a pas été trouvé dans une sépulture ; il est d'une époque antérieure et a été amené dans la nécropole par l'érosion ou par les remaniements du tumulus.

Quoique succincts, les résultats obtenus à Tépé Khazinèh nous furent très utiles à titre d'indications, et nous engagèrent à explorer d'autres tertres où des découvertes plus importantes nous attendaient.

NÉCROPOLE DE TÉPÉ ALY-ABAD

Puisque le tumulus de Tépé-Kazinèh s'était prêté à l'établissement d'une nécropole, il convenait de vérifier si les buttes de configuration semblable, plus voisines de Tépé Moussian, n'avaient pas été utilisées de la même façon. La logique autorisait à supposer qu'une population relativement nombreuse avait mis à profit, pour l'inhumation de ses morts, les sites les plus proches et les plus favorables.

C'est une tradition constante que les lieux élevés soient recherchés pour les sépultures ; l'idée religieuse et le souci de préserver les tombes donnent l'explication de cette coutume. Dans la région de Moussian, plus encore qu'ailleurs, elle a sa raison d'être. Durant notre campagne de fouilles nous avons vu une grande partie de la plaine inondée par le débordement du Douéridj, après deux journées d'averses. Si le sol peut actuellement se transformer si vite en marécage, il devait être souvent noyé aux époques lointaines où la proximité de la mer engendrait des pluies plus fréquentes et plus abondantes encore. Pour éviter l'envahissement des eaux, on ne devait pas manquer de choisir, comme lieux de sépulture, toutes les éminences à l'abri des crues.

En conséquence de ce raisonnement, notre attention se porta, immédiatement après les fouilles de Tépé Khazineh, sur le tumulus de Tépé Aly-Abad, très voisin de Tépé Moussian et suffisamment élevé par rapport au plan du terrain.

Ce monticule apparaît au Sud de Tépé Moussian et à une distance d'environ 1 500 mètres. De petites dimensions, avec un relief qui ne dépasse pas 3ᵐ,50, ce tertre affecte une forme presque circulaire ; il est entouré d'une levée de terre dessinant un carré régulier.

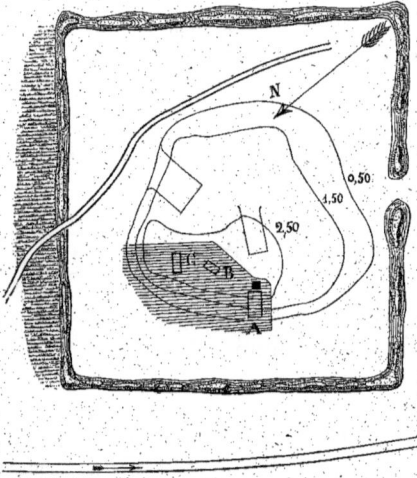

Fig. 99. — Plan de Tépé Aly-Abad.

Cette enceinte, actuellement éboulée, a été tracée par les nomades du district, il y a peu d'années, afin d'abriter leurs troupeaux.

Sur les faces Est et Sud, les terres du tumulus s'étaient largement épandues sous l'action des pluies. Les pentes le mieux marquées regardaient le Nord et l'Ouest ; c'est aussi à ces points plus favorables que furent établis nos chantiers de recherches.

Les sépultures sont plus nombreuses sur les flancs que vers le centre du tépé ; mais, dans cette dernière zone, elles sont beaucoup mieux conservées et livrent en assez bon état les ossements qu'elles renferment. Par suite, des renseignements suffisamment précis ont pu être notés tant sur la structure des tombes que sur les modes d'inhumation.

On observe, dans le tumulus, quatre types de constructions :

1° Tombe rectangulaire en briques crues, simplement comblée de terre ; ce genre de sépulture est toujours situé à une profondeur assez grande ;

FIG. 100. — Tombe du type n° 2.

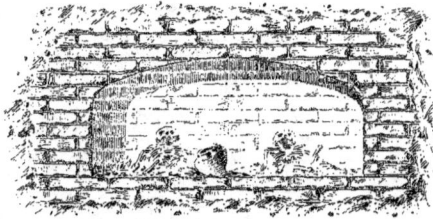

2° Cuve rectangulaire en briques crues, fermée par un cintre très surbaissé, formé de ces mêmes briques.

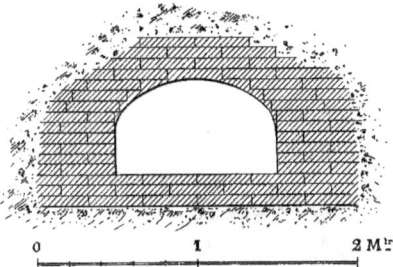

3° Tombe à voûte ogivale, fort étroite de fond et figurant une sorte de boyau ; les matériaux sont en briques crues. Cette sépulture se rapproche de la surface ; elle est, le plus souvent, d'une extrême pauvreté et ne contient même parfois que les ossements à l'état de poudre.

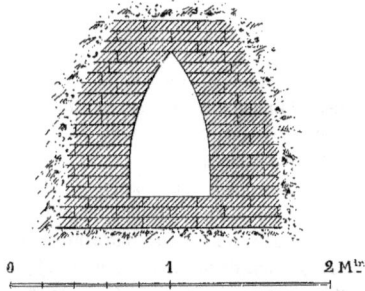

FIG. 101. — Tombe du type n° 3.

FIG. 102. — Sépulture collective. Plan et coupe.

4° Enfin nous avons rencontré, à deux mètres de profondeur, un exemple de sépulture collective. La tombe, rectangulaire et voûtée, mesurait 2 mètres de long sur 1ᵐ,50 de large, avec une hauteur de 0ᵐ,60. Les deux squelettes, assez bien conservés, gisaient côte à côte, sans sépa-

ration médiane ; pour tout mobilier, un vase de terre cuite jaune déposé près des pieds ; ni armes, ni ornements. D'après la position des crânes, l'orientation était à peu près Est-Ouest.

Une autre sépulture du type n° 2 donne l'orientation Ouest-Est. Le squelette, fort complet, reposait sur la face droite, les jambes allongées, les bras infléchis, les mains ramenées sur et sous la mâchoire(1).

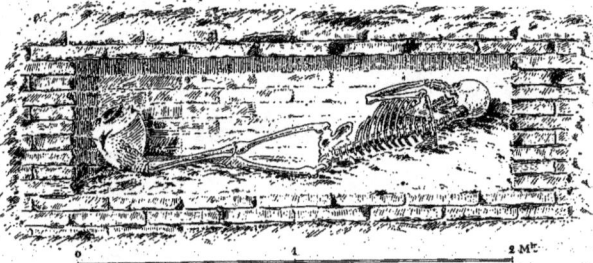

FIG. 103. — Tombe contenant un squelette couché sur la face droite.

Souvent une partie des ossements fait défaut ; ils sont dispersés, sans ordre, au hasard, et les poteries du mobilier funéraire sont déposées parmi eux.

L'orientation des tombes et la disposition des ossements étant variables, on ne peut rien déduire sur les coutumes d'inhumation.

FIG. 104. — Sépulture avec ossements incomplets, dispersés parmi le mobilier funéraire.

La céramique est représentée par des vases d'une argile jaune clair, tantôt sans ornements, tantôt couverte de dessins géométriques et de figurations animales ou végétales peintes en rouge et noir. Cette poterie sera étudiée en détail au chapitre de la céramique. Elle se complète par une série de jattes et de petits vases couplés en albâtre ou en pierre.

Un spécimen unique mérite d'être ici mentionné. C'est un vase de terre noire, orné de figures géométriques et de pointillés tracés au poinçon ; une pâte blanche remplit les traits. L'élégance de la forme et l'effet décoratif sont très réussis. Cette poterie, d'un caractère très archaïque, provient d'une sépulture pauvre et n'était accompagnée d'aucun autre mobilier. Étrangère à la région, elle semble y avoir été apportée par quelque émigrant. Il en sera question plus longuement à la fin de cette étude.

(1) Attitude de l'adoration, d'après les statuettes de bronze trouvées à Suse et les figurations des cachets archaïques.

Le bronze se présente sous la forme de haches, pointes de lances et de javelines, lames de poignards (très rares). Comme ornements des épingles, des anneaux de bronze et quelques objets d'argent. Les perles de colliers ou de bracelets en cornaline et lapis-lazuli abondent à Tépé Ali-Abad. Nous signalerons aussi, parmi les ornements, un cylindre uni en hématite.

Parfois armes et ornements ne font point partie du mobilier funéraire ; ils ont été placés sur la tombe en guise d'offrandes. Tel est le cas notamment pour deux grandes perles oblongues en lapis-lazuli déposées dans une jatte d'albâtre au-dessus d'une sépulture.

Tombe A. — La sépulture la plus importante que nous ayons rencontrée à Tépé Aly Abad (A du plan, fig. 99) se trouvait sur le versant N.-O. du tertre. De forme rectangulaire, sans orientation précise, elle mesurait 5 mètres de longueur sur 1 mètre de large : sa dimension principale était dirigée au N. 55° O. En avant et sur ses longs côtés, des murs de briques crues la délimitaient, tandis que les autres parois semblaient avoir été taillées à même les terres du tumulus. Le sol, bien dressé, était fait d'argile tassée sur laquelle des vases de grandes dimensions étaient disposés sans ordre apparent, mêlés à d'autres objets mobiliers. Les murs de briques, dont nous avons parlé, ont été construits après que le mobilier funéraire eut été mis en place ; plusieurs de ces vases, en effet, étaient à demi engagés dans la muraille. De gros galets couronnaient celle-ci par place, d'autres se trouvaient également au-dessus de la tombe qui avait été soigneusement comblée ; la terre, qui la remplissait exactement, avait pénétré partout et ne pouvait provenir d'un écroulement qui n'eût manqué de briser les vases ou du moins de troubler l'ordre assigné aux objets qui se trouvaient dans cette sépulture.

Quant au corps lui-même, nous n'en avons retrouvé que quelques ossements enveloppés dans une natte à demi consumée. On avait donc fait subir aux ossements déposés dans la tombe une incinération incomplète ; d'après la nature des résidus recueillis on peut croire que ce n'était guère que des broussailles légères de la plaine qui servirent de combustible. En tout cas, les vases qui garnissaient cette sépulture n'ont pas souffert de l'action du feu. Or, il n'est pas douteux que ce bûcher funéraire n'ait été allumé dans la fosse même, l'état de la natte ainsi convertie en charbon n'aurait pas permis qu'elle fût transportée d'un endroit à l'autre.

On remarquera que nous avons dit que cette natte contenait des ossements lorsqu'elle fut soumise à l'action du feu ; on n'y observe aucun résidu de décomposition des chairs et, d'un autre côté, il faut bien admettre que les ossements seuls ont été ensevelis après que les chairs avaient disparu puisque nous n'avons point le squelette entier, mais quelques os seulement provenant de diverses parties du squelette. Dans cette tombe le crâne faisait défaut ainsi que le bassin, les fémurs, tous les grands os, en somme.

D'après ce que nous venons de voir la tombe devait être postérieure au tumulus. Celui-ci à l'époque de l'inhumation affectait sans doute le même aspect extérieur qu'aujourd'hui. C'était une ruine déjà ancienne et ceci nous explique la présence de débris de la poterie fine qui est, sans contredit, bien antérieure au type de la céramique que nous ont livré les tombes.

Au-dessus de la sépulture A des traces de foyers, où se trouvaient des os de bœuf ou de mouton, semblent témoigner que des sacrifices faisaient partie du rite funéraire. Des haches de bronze furent également recueillies dans les déblais, sans qu'on puisse affirmer qu'elles aient eu une connexion quelconque avec la sépulture.

A peu de distance et vers le centre du tumulus nous avons déblayé une sorte de puits rectangulaire mesurant $0^m,80 \times 0^m,60$ et construit en briques crues. Une poussière fine et très légère le remplissait à demi, provenant sans doute de la lente désagrégation des parois à travers les siècles. Il est à présumer que ce puits, qui descendait jusqu'à un niveau un peu inférieur à celui de la plaine, avait dû servir de silo, selon la méthode pratiquée de nos jours dans toute la Susiane. Cet usage s'est perpétué en raison des migrations annuelles qui, de tout temps, obligèrent les agriculteurs à mettre en sûreté leurs réserves de céréales ; ils ne pouvaient, en effet, les convoyer avec eux dans leurs déplacements perpétuels durant la saison d'été.

La tombe se composait donc d'une fosse longue et étroite dont le sol se trouvait à environ $0^m,60$ au-dessus de la plaine : sa profondeur dans le monticule ne dépassait pas un mètre, dans la partie qui avoisinait le talus : il est vrai que les érosions séculaires ont dû diminuer de beaucoup le relief actuel.

L'inventaire du mobilier funéraire permet de conclure que c'est bien le mobilier propre du défunt qui l'accompagnait dans la tombe ; on y retrouve, en effet, le seuil de la porte servant de support au gond, le broyeur à grains, les coupes, les jattes, les grands vases. Et c'est bien tout ce que les humbles habitants qui, jadis, peuplaient cette région, pouvaient posséder dans leurs maisons. D'autant que ces agriculteurs, comme nous

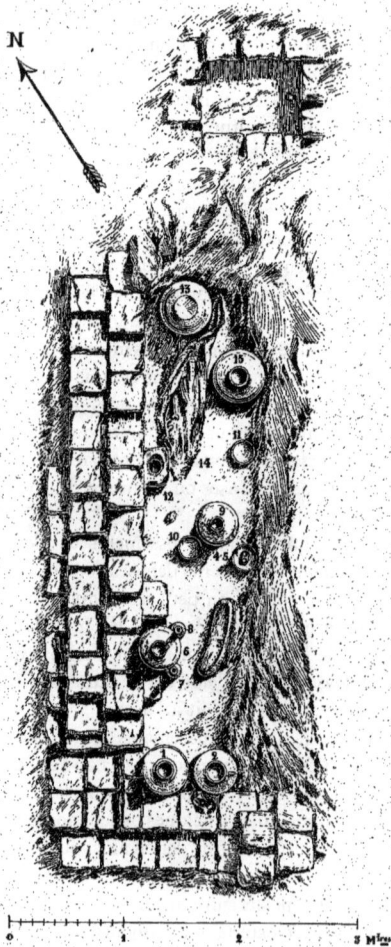

Fig. 105. — Tombe A.

l'avons vu, étaient des demi-nomades annuellement chassés de la plaine par la période de sécheresse qui les privait d'eau potable et de pâturage.

De grands vases posés debout étaient distribués tout le long de la fosse, sans ordre marqué ;
ils étaient parfois remplis de terre ; autant qu'on en peut juger celle-ci avait lentement glissé
dans le goulot demeuré ouvert ; aucun résidu à l'intérieur ne permet de croire
qu'ils eussent primitivement contenu des denrées quelconques.

En pénétrant dans la tombe on rencontrait d'abord deux grandes jarres
(fig. 105, n°s 1 et 2) ; plus loin venait un vase de dimensions moindres qui était
engagé à demi dans le mur de briques. Ce vase (fig. 105, n° 6), d'une facture
particulièrement soignée, servait de support à deux objets singuliers qui méritent une mention spéciale (fig. 105, n°s 7 et 8).

Affectant une forme conique et clos à leurs
deux extrémités ils ne pouvaient avoir qu'un
usage décoratif ou probablement rituel. Ces
objets, que nous considérerons comme votifs,
sont en bitume incrusté d'albâtre et de cornaline ;
ils se composent d'un fût cylindrique dont les
parois ont une grande épaisseur et reposent sur
une base évasée où la couche de bitume, plus
mince, est renforcée par une poterie faite à la
demande. Cette dernière est elle-même remplie
par une masse de bitume qui, par son poids, est
destiné à assurer la stabilité de l'objet (fig. 106).

FIG. 106. — Objets votifs
en bitume incrusté de
calcaire blanc et de cor-
naline ; 1/6.gr. nat.

Quant à la décoration elle se compose d'éléments triangulaires en calcaire blanc. Ces triangles sont disposés de manière à former des dentelures qui ornent le fût et la base d'une succession de bandes parallèles séparées par un mince anneau de bitume.
Tantôt une dentelure simple remplit la bande, tantôt celle-ci en
contient deux ; en ce cas les triangles, opposés par la pointe, délimitent une série de losanges au centre desquels est incrusté un
éclat de cornaline.

FIG. 107. — Cônes de fondation, en argile
cuite, trouvés à Suse, 1/6 gr. nat.

Le fût cylindrique est clos à sa partie supérieure par une rosace composée des mêmes éléments décoratifs.

Nous ne connaissons pas d'analogues à ces objets singuliers si ce n'est, peut-être, certains
clous, ou cônes de fondations, fréquemment découverts dans les fouilles de Suse, avec lesquels
on peut trouver un lointain rapprochement. La base d'un de ces cônes est percée d'une série de
trous, en pomme d'arrosoir. Le second spécimen ne présente qu'une seule perforation, au centre

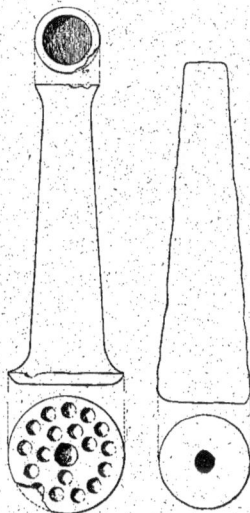

de sa base. Le premier est entièrement creux ; l'autre est fermé à son sommet (fig. 107). Il n'est point douteux que ces objets, rencontrés sous tous les édifices, aussi bien en Chaldée qu'en Susiane, et qui portent, souvent, des textes cunéiformes, étaient ainsi déposés dans les fondations en conformité d'une coutume rituelle dont le sens nous échappe aussi bien que la signification symbolique des objets eux-mêmes.

Quant aux cônes en bitume provenant de la tombe A, les éléments du motif décoratif qui les orne, triangles, losanges et dentelures, nous sont connus par la céramique peinte où on les rencontre fréquemment. Nous observons une disposition assez semblable dans un fragment de poterie fort archaïque découvert à Suse. C'est une portion de vase quadrangulaire, dans lequel la décoration a été obtenue, avant la cuisson, au moyen d'incisions pratiquées dans la pâte qui est de couleur grise et d'un grain très serré (fig. 108).

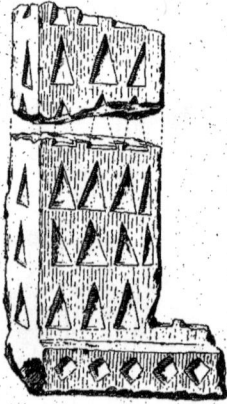

Fig. 108. — Suse, fragment de poterie archaïque, pâte grise, décor incisé, 1/2 gr. nat.

Disposés avec soin contre la panse d'un vase qui leur servait d'appui, ces cônes étaient, au moment de la découverte, tordus et déformés ; ils ne tenaient plus que grâce à la terre tassée qui les soutenait. Était-ce la chaleur dégagée par le bûcher funéraire qui, ayant ramolli le bitume, les avait réduits à cet état ; ou bien encore l'action périodique des hautes températures que ramènent chaque année les étés susiens, a-t-elle été suffisante pour produire ce résultat ?

En continuant l'énumération du contenu de la tombe, nous rencontrons, tout contre, un broyeur à grain (fig. 105, n° 3) ayant 0m,60 de long sur 0m,35 de large ; il présente une face concave que l'usage a poli : cet instrument est en grès de consistance moyenne, tel qu'il en existe abondamment dans la contrée.

Plus loin, dans une coupe d'albâtre assez grossière était placée une petite ampoule de même matière, ayant deux évidements jumelés (fig. 105, n°s 4 et 5), qui contenait des résidus de couleur verdâtre, provenant sans doute de parfum ou de fard.

Puis, en se dirigeant vers l'extrémité de la fosse, se présentaient une jarre peinte (fig. 105, n°9), un support de gond engagé dans le mur (fig. 105, n° 12), une autre jatte d'albâtre (fig. 105, n° 10) et la natte à demi consumée, qui contenait les ossements (fig. 105, n° 14). Des deux côtés de cette natte se trouvaient deux poteries (fig. 105, n°s 13 et 15), l'une placée debout comme les vases précédents, l'autre fermée par un tampon d'argile et placée le col en bas.

A un mètre au-dessus de l'extrémité de la fosse une autre sépulture fut dégagée. Elle contenait un squelette complet couché dans la position embryonnaire ; on recueillit à 0m,20 du crâne une belle lame de bronze dont la soie large de 0m,015 était destinée à s'engager dans la hampe d'une lance ; il y avait également dans cette tombe un support de vase sur lequel était une écuelle.

TÉPÉ MOHR

Simultanément aux fouilles de Tépé Aly-Abad, nous avons poussé des reconnaissances dans plusieurs monticules disséminés aux alentours de Tépé Moussian.

, Tépé-Mohr, « la butte des cachets », nous était signalé comme renfermant des tablettes ou des cachets-cylindres. Les indigènes avaient fait de ce tumulus une sorte de magasin général pour y reserrer leur grain. C'est en creusant des silos qu'ils avaient, disaient-ils, effectué leurs trouvailles. Mais la parole des nomades est sujette à caution et, d'autre part, on ne parvenait à nous produire ni une des tablettes, ni un des cachets ainsi découverts.

Il était certain d'avance que Tépé Mohr ne pouvait être une nécropole ; les tribus n'auraient assurément pas enterré leur orge et leur blé en contact avec des ossements humains. Restait la chance, fort problématique, de voir se confirmer une de ces fables ou légendes qui prennent corps si fréquemment parmi les indigènes, soit par l'interprétation inexacte d'un fait réel, soit par un simple effort d'imagination.

La butte de Tépé Mohr est criblée de cavités dont l'orifice étroit va s'élargissant en cloche. L'existence de ces silos facilitait la fouille qui fut menée bon train et déblaya une aire très suffisante. De tablettes ou de cachets nulle apparence. Ce travail ne fournit que des briques cuites, dont l'argile peu homogène, les dimensions et la facture négligée accusaient une fabrication de basse époque, fait corroboré par la présence de quelques fragments d'ornements en pâte émaillée.

Il est possible que Tépé Mohr ait été occupé par un petit poste d'observation sous les dominations séleucide ou sassanide.

Situé au Sud et à quatre kilomètres de Tépé Moussian, le tumulus de Tépé Morhr est, en effet, très proche des plis du Djebel Amrin, au débouché d'un passage à travers ce massif. Il se trouve à mi-distance entre la trouée de Beyat et la précieuse source d'eau douce qui porte le nom d'Aïn-Guerzan. Son site surveille la route carrossable, encore très apparente, qui reliait Ctésiphon à la Susiane et aux plaines du Pouchté-Kouh. Une fraction de tribu, moitié loure, moitié arabe, campe annuellement en ce lieu qui, dans l'antiquité, a dû être habité par des pasteurs avant d'être utilisé comme point de garde.

TÉPÉ MOHAMED-DJAFFAR

C'est une faible butte, mais d'une certaine étendue, qui fait à peine saillie dans la plaine à l'Ouest et à 3 kilomètres de Tépé Moussian.

Le sol en est meuble, mélangé de cendres et d'une poudre noire produite par la combustion ou la décomposition de végétaux. Un terrain de cette nature et de cette configuration ne pouvait être adopté comme siège d'une nécropole. L'intérêt qui s'attache à Tépé Mohamed-Djaffar réside

4

en ce que ce petit tertre a été l'emplacement d'une station préhistorique bien caractérisée, contemporaine du silex taillé, et qui n'a jamais été réoccupée depuis lors.

Le tépé a été formé par la ruine des huttes en roseaux et branchages, ainsi que par l'amoncellement des détritus et des résidus de foyer. Ce n'est point, à proprement parler, un kjœkken-

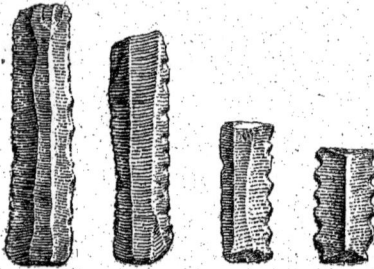

Fig. 109. — Racloirs et éléments de faucilles, grandeur naturelle.

mœddinger, à moins que les débris de cuisine n'aient disparu sous l'action de l'humidité; mais on y trouve tous les indices d'un atelier de taille.

Les roches les plus diverses ont été éclatées pour la fabrication des armes et des outils. On a recherché de préférence les pierres que leur grain, leur coloris ou leurs veinures rendaient le plus attrayantes. L'obsidienne, qui n'existe cependant pas dans cette région, se rencontre à Tépé Mohamed-Djaffar en éclats et en lamelles.

Nous avons trouvé ni haches, ni pointes de flèches, mais abondance de lames, racloirs et éléments de faucilles. La quantité de nucléi est surprenante. De forme presque exactement conique, ils se signalent par leur exiguïté ainsi que par la finesse des lames prélevées.

Point de débris de céramique fine, point de traces de briques, ce qui nous porte à déduire que le tépé n'a été l'objet d'aucune réoccupation depuis la période du silex taillé.

La poterie est uniquement de l'époque. Faite à la main, elle est épaisse, de couleur jaune d'ocre, rouge sombre ou brun foncé. Nous n'avons malheureusement pu en récolter que des fragments.

La pâte rouge sombre est souvent lissée; elle porte quelquefois des rehauts façonnés au pouce, des gravures très simples à la pointe et des traits en couleur d'un rouge plus foncé. On y observe des boutons d'anse

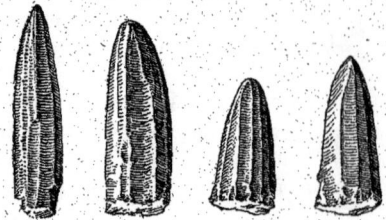

Fig. 110. — Petits nucléi, grandeur naturelle.

avec trous de suspension. Bref, cette céramique est du type le plus archaïque. Il est regrettable que les dimensions des fragments aient été trop restreintes pour nous permettre de restituer les formes.

Toutefois, les spécimens recueillis à Tépé Mohamed-Djaffar nous ont aidés à établir, approximativement, une sorte de chronologie dans la céramique.

La poterie faite à la main, avec les caractéristiques que nous venons de détailler, accompagne le silex taillé.

Les vases fabriqués au tour, peints en rouge et noir, avec figurations animales et végétales, se rencontrent en même temps que le bronze.

La céramique fine, d'un ton jaune ou vert clair, et ornée de peintures d'un noir brillant, serait la transition entre les âges du silex taillé et du métal ; elle débuterait à l'époque de la pierre polie dont nous avons trouvé, sous forme de hache, un fort bel échantillon à Tépé Khazineh.

Mais une poterie si peu résistante ne pouvait satisfaire aux besoins courants ; elle dut être réservée à des usages spéciaux. Nous avons dans la fouille faite à Tépé Mourad-Abad des données qui semblent justifier cette manière de voir.

TÉPÉ MOURAD-ABAD

Les fragments que l'on trouve abondamment à la surface et à l'intérieur de ce tépé se rangent dans la catégorie de la céramique fine peinte. On ne rencontre, en ce site, aucune trace des vases grossiers, à pâte épaisse, dont les casseaux jonchent le sol, un peu plus loin, sur l'emplacement du village antique au bord du Dowéridj.

Il est évident que cette poterie fine ne pouvait, en raison de sa fragilité, être transportée dans les migrations périodiques, auxquelles étaient astreintes les populations semi-nomades de la plaine de Moussian. Ces produits, si remarquables par l'élégance de la facture et le fini de la décoration, étaient forcément destinés à n'être employés qu'à demeure.

On peut concevoir qu'une semblable poterie ait subsisté au service des temples, dans le mobilier religieux, et cette supposition cadrerait avec les observations recueillies à Tépé Mourad-Abad.

La poterie fine abonde sur le point culminant qui, par son isolement et son aspect élancé, évoque l'idée d'un zigourat, ou de tout autre édifice réservé au culte et l'on ne découvre, en cet endroit, aucune trace de vases grossiers.

Il est assez naturel de supposer que cette céramique, contemporaine, ainsi que nous le pensons, de l'âge de la pierre polie, n'a jamais été que d'un usage restreint. Mais l'invention, si antique qu'elle soit, n'a pas disparu sans laisser de traces, et cette poterie de luxe a persisté dans les conditions où elle n'était pas exposée à une destruction certaine.

Sans doute, en dehors des temples, quelques familles aisées possédaient-elles des poteries fines ; mais celles-ci, considérées comme objets exceptionnels, ne suivaient pas le mort dans sa demeure dernière.

Il faut ici noter deux observations relevées dans les tranchées de Suse : premièrement, la poterie fine, peinte ou non, s'y trouve abondamment ; elle était très employée par la population sédentaire fixée dans une riche cité. Deuxièmement, les fragments de ce genre se découvrent surtout dans les niveaux très profonds, ce qui est une preuve de l'antiquité de l'invention.

En règle générale, on remarque, dans l'évolution de la céramique, après une première manifestation fort grossière et de facture primitive, une production très fine comme pâte et soignée comme décoration. Puis la matière devient moins choisie, l'habileté des procédés décroit, la variété des formes tend à disparaître, l'ornementation perd sa fantaisie et son fini pour se réduire de plus en plus, à quelques motifs communs ; enfin il ne sort plus des mains du potier que des œuvres uniformes, presque dépourvues de tout intérêt artistique.

TÉPÉ FAKHR-ABAD

A onze kilomètres et au Nord-Ouest de Tépé Moussian, la haute butte de Fakhr-Abad (dans le dialecte lour Farkawa) dresse sa silhouette en pain de sucre, qui domine toute la région. L'exploration de ce tépé nous a révélé la succession indiscutable d'occupations diverses. Dérivée de son lit primitif par le travail de comblement des limons, la rivière Tib est venue heurter le pied du tumulus qu'elle a largement entamé. L'éboulement des couches supérieures s'en est suivi, de telle sorte que le flanc Sud du tépé descend en falaise sur le cours du Tib. Cette disposition particulière offre une excellente coupe du terrain.

A la base on retrouve la poterie fine ; aux niveaux plus élevés, des briques assez grossières et des fragments de vases épais fabriqués au tour. Enfin le sommet est ceint d'une ligne de remparts à l'intérieur de laquelle subsiste le tracé d'une construction. La nature et l'appareillage des matériaux, galets de rivière cimentés au plâtre, reportent manifestement ces travaux aux temps des souverains sassanides.

La position de Fakhr-Abad commande la trouée de Beyat, en même temps que la plaine, et surveille la passe de Dinar-Kouh. En raison de son importance stratégique ce point ne pouvait manquer d'être occupé militairement. Il semble, qu'après avoir été un zigourat au début, Fakhr-Abad ait été, dès la plus haute antiquité, affecté à sa dernière destination, car on ne relève aux alentours aucune ruine de village.

DESCRIPTION DES OBJETS DÉCOUVERTS

Les fouilles pratiquées au site de Tépé-Moussian et dans les tépés avoisinants n'ayant amené la trouvaille d'aucun document épigraphique, nous passerons sommairement en revue les divers objets découverts. Pour abréger, ils seront classés par ordre de matières.

La céramique fera l'objet de deux études distinctes selon qu'il s'agira des fragments recueillis dans nos tranchées ou des vases entiers qui proviennent des nécropoles et formaient part du mobilier funéraire.

Brique cuite. — Ce genre de matériaux s'est rencontré surtout à Tépé Moussian ; nous en localisons l'étage, comme on l'a vu précédemment, entre 5 et 7 mètres d'altitude au-dessus de la plaine.

Le type le plus répandu est de forme carrée, avec $0^m,35$ de côté sur $0^m,07$ d'épaisseur. La pâte en est homogène, peu colorée, de cuisson soignée et de fort grande résistance. Ces produits sont, en tous points, comparables aux briques de la bonne période élamite, si abondantes à Suse.

Quelques échantillons de cette fabrication affectaient la forme biaise ; cette particularité indique qu'ils avaient été employés à la construction d'une voûte.

On peut en inférer que l'architecture était déjà loin des procédés primitifs et qu'une certaine recherche présidait à l'édification des monuments revêtus de briques cuites. Un autre détail confirme cette observation. Nous avons, en effet, découvert à Moussian une brique qui constitue un élément de colonne cannelée (fig. 111). L'ouverture de l'angle étant de 60°, il fallait six de ces secteurs pour parfaire le contour du fût.

Il résulte de ces observations que la voûte et la colonne entraient dans la construction et la décoration des édifices de Moussian.

A des époques plus reculées appartiennent quelques échantillons de briques en pâte claire et mal cuite, analogues à celles qui caractérisent à Suse les monuments des Patésis.

Enfin, de rares spécimens nous rappellent

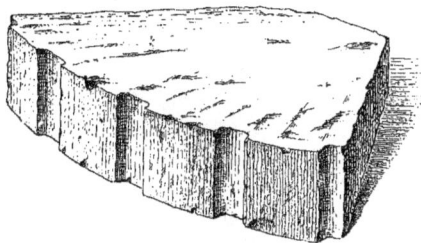

FIG. 111. — Tépé Moussian. Brique cuite. Élément de colonne cannelée, 1/5 grandeur naturelle.

par leur similitude les matériaux employés aux âges anciens de Tello. Ce ne sont plus à proprement parler des briques, mais plutôt des gâteaux d'argile, d'une facture, d'ailleurs, assez soignée (1). L'un des plats est incurvé par la pression opérée pour tasser la pâte. La forme n'est point un carré régulier, les angles étant arrondis ; les côtés mesurent 0^m,25 $\times$ 0^m,125 avec une épaisseur de 0^m,07.

Aux basses époques se rattachent des produits d'une fabrication peu soignée ; ils sont formés d'une pâte grossière, mal cuite, et de couleur rouge foncé. Nous en retrouvons de nombreux débris dans les petits monticules environnants, notamment à Tépé Mohr.

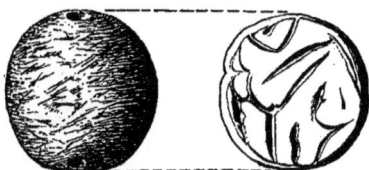

FIG. 112. — Tépé Moussian. Cachet en pierre, gr. nat.

LA PIERRE. — Nul indice ne nous a montré que cette matière, dont le travail difficile exige un certain art, ait été employée dans la construction à Tépé Moussian. Nous ne l'y voyons figurer qu'à l'état de seuils de porte grossièrement dressés. Les pierres de gonds abondent, mais ce ne sont que de simples galets, tantôt creusés incomplètement en godets, tantôt perforés de part en part.

Pour les usages ménagers l'emploi de la pierre est fréquent ; nous la trouvons sous forme de broyeurs à grains, de pilons, de pesons, de fusaïoles, de grosses billes, etc. Ces objets sont trop

(1) Un passage d'Hilprecht sur des briques semblables trouvées à Nippour, dans la couche pré-Sargonide semble confirmer, par analogie, l'archaïsme des constructions de Moussian — O. B. I. — Part II, page 24. « Somewhat below « the pavement of Naram-Sin, between the entrance to the ziggurat and the E. corner, stood an altar of sun-dried « bricks... At a distance of nearly 2 m. from the altar (in front of it, and 1^m,25 below the top), was a low wall of bricks, « whose limits have not yet been found. Apparently it marked a sacred enclosure around the altar, for it extended far « under the pavement of Naram-Sin and reappeared under the W. corner of the ziggurat. The bricks of which this « curb was built are plano-convex in form (length and breadth of 24,5 $\times$ 18 c. m.). They are laid in mud, seven courses « (= 45 c. m.) high ; the convex surface, which is curiously created lengthwise, being placed upward in the wall. »

connus pour qu'il soit utile de les figurer ou d'en décrire la forme, du reste invariable. Nous repro-
duirons simplement, à titre de rareté, un cachet en pierre, dont
l'intaille est très archaïque (fig. 112).

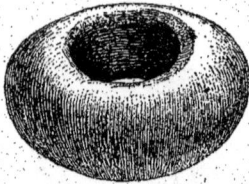

FIG. 113. — Tépé Moussian. Masse sphéroïde, roche grise, 2/3 grandeur naturelle.

Nous avons dit, d'autre part, combien le silex taillé est abon-
dant à tous les étages de Moussian et dans les tépés voisins, spécialement à Tépé Mohamed Djaffar. Percuteurs, nuclei, lames,
racloirs, scies et éléments de faucilles foisonnent dans toute cette
région. Les poinçons et les pointes sont plus rares ; nous n'avons
point recueilli de têtes de lances, ni de flèches. Par contre les
armes de hast sont copieusement représentées sous forme de
masses et de haches.

Les masses sont sphériques (fig. 113) ou ovoïdes ; nous n'avons point rencontré la massue
réniforme qui est fréquente à Suse.

FIG. 114. — Tépé Moussian. Haches en pierre polie, 2/3 grandeur naturelle.

Les haches ont été trouvées dans les couches profondes, à dix mètres, avec les fragments de
poterie peinte, fine ou épaisse ; elles sont, le plus souvent, par leur facture et par leurs lignes
(fig. 114) la transition entre les coups de poing de l'âge paléolitique et les armes de l'époque
de la pierre polie.

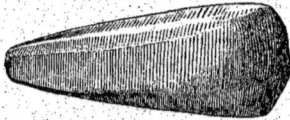

FIG. 115.　　　　　　　　　　　　　　　　FIG. 116.

FIG. 115. Khazinèh. Hache en pierre polie, calcaire compact rose ; 1/2 grandeur naturelle.
FIG. 116. Tépé Moussian. Hache marteau, pierre polie, roche verte, 2/3 grandeur naturelle.

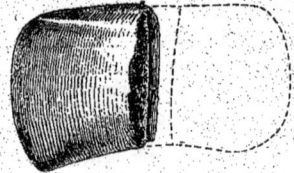

De cette dernière période nous possédons deux pièces intéressantes. L'une est une hache
très finement achevée, trouvée à Tépé Khazinèh (fig. 115) ; nous en avons parlé plus haut en
traitant des fouilles dans cette nécropole. L'autre (fig. 116) est une hache-marteau, malheu-

FIG. 117. — Tépé Moussian. Fusaïoles en terre cuite, 2/3 grandeur naturelle.

1. Conique, jaune clair, décor brun foncé. — 2. Discoïde, jaune foncé, décor rouge brun. — 3. Conique, jaune clair, décor brun. — 4. Cruciforme, jaune clair, décor rouge foncé. — 5. Jaune clair, sans décor. — 6. Jaune clair, sans décor. — 7. Conique, jaune clair, décor noir. — 8. Plate, jaune clair, décor brun. — 9. Conique, pâte verdâtre, décor noir. — 10 et 11. Jaune clair, sans peinture, modelage et incisions sur le pourtour.

reusement brisée, mais d'un fort beau travail ; elle provient d'une tranchée en surface ouverte près de notre camp à Tépé Moussian.

TERRES CUITES. — Quantité de petits objets se rangent dans cette catégorie.

Ce sont, en premier lieu, les fusaïoles que l'on rencontre si communément dans toutes les fouilles. Le plus grand nombre ne porte ni peinture ni ornementation. Nous avons groupé à la figure 117 les types généraux soit d'une forme courante, soit des effets obtenus par modelage ou incision (10 et 11), soit des décors résultant d'applications en couleurs (1, 2, 3, 4, 7, 8 et 9). Dans ce dernier genre le spécimen 4 est le plus remarquable par sa forme. Il serait superflu de décrire ici les divers décors en couleurs, d'ailleurs fort simples ; l'étude de la céramique peinte nous en fournira des exemples autrement variés et réussis.

La fabrication des fusaïoles n'offrait aucune difficulté ; celle des cornes en terre cuite n'était pas moins aisée.

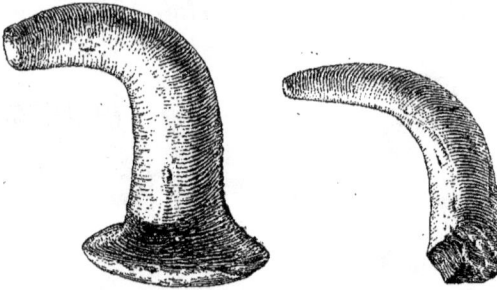

FIG. 118. — Tépé Moussian. Cornes en terre cuite jaune, 2/3 grandeur naturelle.

Aussi sont-elles également fort communes, très diverses de formes et de dimensions (fig. 118). On en trouve souvent à Suse qui sont munies d'un trou de suspension et devaient être employées comme amulettes. Elles représentaient donc un symbole (qui fut, plus tard, celui de l'abondance) et une idée superstitieuse s'y attachait.

L'art n'entre pour rien dans la confection des fusaïoles et des cornes. Il n'en va pas de même pour la représentation, en terre cuite, des animaux et de la figure humaine. Les spécimens que nous a fournis Tépé Moussian n'indiquent pas un niveau d'art bien élevé.

Témoin le lion (?) dont nous reproduisons la rudimentaire silhouette. Des taches de peinture noire simulent le pelage ; un trou de suspension traverse le corps (fig. 119). Quelques représentations, plus ou moins informes, de têtes de taureau sont, avec ce lion, les uniques manifestations du savoir-faire de l'animalier.

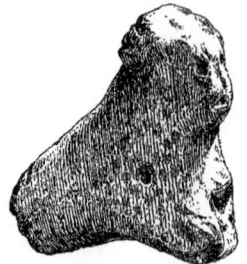

FIG. 119. — Tépé Moussian. Terre cuite jaune tachetée de noir, 2/3 gr. nat.

Ce sont aussi de pauvres figurines que les Beltis de Tépé Moussian, elles accusent un archaïsme indéniable, mais également un style fruste et provincial sur lequel le voisinage de Suse n'a pas réagi (fig. 120 à 126). Tantôt la tête disproportionnée s'implante directement sur le tronc d'où s'incurvent, vers les mamelles, deux rudiments de bras ; les mains ne sont même pas indiquées, non plus que les pieds ; les jambes se rattachent gauchement au bassin qui est étriqué, contrairement à la convention des figurines chaldéennes (fig. 120). Tantôt la coiffure n'est pas modelée ; les yeux saillent, formés d'un pastillage, la bouche n'est qu'un trait incisé dans l'argile et le cou, d'une grosseur démesurée, déborde les mâchoires (fig. 121). Tantôt les proportions sont mieux observées, mais les lignes du corps restent flous, les hanches fuyantes et les détails demeurent absolument négligés (fig. 122). Une seule tête (fig. 123) montre quelque souci de l'observation.

FIG. 123.

FIG. 120.   FIG. 121.   FIG. 122.

FIG. 120-123. — Tépé Moussian. Terres cuites jaune clair, 2/3 grandeur naturelle.

Deux attitudes différentes s'observent dans ces statuettes, de même que dans la série des Beltis susiennes. Ou bien la déesse offre ses mamelles, enserrées dans ses deux mains, ou bien les avant-bras sont ramenés à angle droit sur la poitrine, les mains croisées au-dessous des seins (fig. 124 à 126), geste que nous retrouvons dans la plupart des grandes statues découvertes à Suse.

Il nous reste à mentionner une petite tablette rectangulaire, en terre cuite rouge, de pâte fine, que nous considérons comme appartenant à une époque très archaïque. Elle est divisée pour les figurations en trois registres (fig. 127). Celui du haut porte quatre cercles dans lesquels est inscrite une étoile ; nous y voyons des représentations astrales ; celui du bas est occupé par un dessin géométrique qui peut figurer une construction. Dans le registre intermédiaire s'affrontent

5

deux oiseaux. Nous pensons que l'artisan a prétendu reproduire la grosse outarde ou l'autruche.

FIG. 124.   FIG. 125.   FIG. 126.

FIG. 124-126. — Tépé Moussian. Terres cuites jaunes, 2/3 grandeur naturelle.

Ce longipède, que l'on confinait dans la faune africaine, semble avoir existé en Asie, aux âges reculés. Si le traducteur n'erre point, Xénophon relate qu'il pourchassa ce gros gibier dans les plaines de l'Euphrate (1). Rien n'infirmerait, en conséquence, sa présence aux temps antiques dans la région de Moussian.

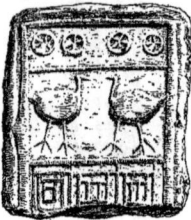

Suse nous produit quantité de tablettes analogues, d'une pâte jaune clair; aucune d'elles n'offre ce genre de sujet ni de style. L'ornementation en relief se compose, le plus fréquemment, de dessins géométriques, parfois aussi de représentations végétales. Souvent sont figurés des personnages humains dans des scènes érotiques. Les figurations animales sont exceptionnelles et se bornent aux poissons ; encore ce dernier motif peut-il être attribué, avec vraisemblance, au symbolisme chrétien.

FIG. 127. — Tépé Moussian. Tablette en terre cuite rouge, 2/3 gr. nat.

Nous citerons, pour terminer la nomenclature des objets en terre cuite, une série de perles grossières, généralement cylindriques.

L'argile crue qui, sans aucun doute, à Moussian comme partout ailleurs, était employée pour modeler des animaux et des figurines humaines, a disparu délitée par les pluies. Nous ne la retrouvons que sous l'aspect de balles de fronde, en forme d'olives.

(1) *Anabase* Λ. V. « Il (Cyrus) traverse ensuite l'Arabie, ayant l'Euphrate à droite et fait en cinq étapes, dans un « désert, trente-cinq parasanges. La terre, en ce pays, est une vaste plaine, unie comme une mer et pleine d'absinthe. « Tout ce qu'il y croît de plantes ou de roseaux est aromatique, mais il n'y a point d'arbres. Les animaux sont de « nombreux ânes sauvages, et beaucoup d'*autruches* fort grandes, des outardes, des gazelles. Les cavaliers poursui- « vaient parfois ces animaux. »

Les métaux étaient rares dans cette région. A peine avons-nous relevé quelques traces de fer provenant d'occupations postérieures. Le cuivre ou le bronze étaient d'un usage plus courant, encore que peu répandu, pour la fabrication des armes et des ornements. A Tépé Moussian même les fouilles n'ont exhumé que des anneaux, un bracelet (dans une sépulture formée de deux grands vases accolés), un fragment de rayon solaire (fig. 128), débris d'une représentation très connue, celle de Shamas, qui couronne fréquemment des koudourrous ou des stèles (notamment la stèle de Hammourabi), et dont le dessin orne la couverture

Fig. 128. — Tépé Moussian. Bronze Fragment de représentation solaire, 1/3 grandeur naturelle.

même de ce volume; et enfin la pointe d'un ciseau. Dans les nécropoles nous avons recueilli des haches, des têtes de lances et des flèches, des lames de poignards, des épingles, des bagues, des perles et une coupe. Nous figurerons plus loin ces divers objets, dont la forme est d'une indication utile pour déterminer l'âge de la céramique.

Fig. 129. — Pommeau en plomb, 1/2 gr. nat.

Les métaux précieux ne sont représentés que par quelques plaques, bossettes et pendeloques d'argent en fort mauvais état ; l'ornementation, au repoussé, est très simple et ne diffère pas des objets similaires fournis par les nécropoles du Talyche. Nous avons aussi trouvé des perlettes d'argent. L'or fait absolument défaut.

Le plomb apparait sous la forme d'un pommeau couronnant un bâton (fig. 129).

Ce sont les pierres de couleur qui constituent le principal élément des parures, colliers et bracelets. La cornaline et le lapis-lazuli sont seuls employés. La taille en est primitive et la perforation, pratiquée sur deux faces opposées, est presque toujours mal centrée.

Les perles de pâte émaillée, si nombreuses dans les sépultures du Talyche, sont en très faible proportion dans les nécropoles que nous avons explorées autour de Tépé Moussian. En fait d'autres objets, composés de cette matière, nous n'avons à signaler qu'un cachet cylindre de pâte

Fig. 130. — Cachet-cylindre en pâte blanche, grandeur naturelle.

blanche dont la gravure représente, entre des chevrons, un personnage tenant à chaque main un poignard, et un cervidé, chèvre ou bouquetin (fig. 130). Nous croyons que ce cylindre est de basse époque.

Aux temps achéménides postérieurs à Darius Ier appartiennent deux scarabées. L'un, de petite dimension, est en pâte émaillée d'un vert pâle. Le signe qu'il porte peut être babylonien, mais l'hiéroglyphe égyptien existe sous la même forme (fig. 131). Le second scarabée, en pâte émaillée vert foncé, est beaucoup plus grand. Il nous offre une inscription hiéroglyphique très fruste et de mauvaise facture. Une sorte de cartouche, surmonté de l'oiseau sur son perchoir contient trois signes. A gauche deux figurations semblent représenter le scorpion et le crocodile. Il se pourrait que ce fût l'œuvre d'un artisan indigène qui se serait efforcé de copier maladroitement une inscription qu'il ne savait lire (fig. 132). Ce scarabée nous a été apporté après clôture des fouilles par un nomade qui nous affirma l'avoir trouvé dans les déblais. Mais, faute de contrôle, nous n'en pouvons garantir la provenance.

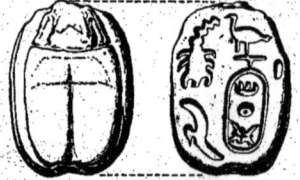

FIG. 131. — Petit scarabée pâte émaillée, vert clair, grandeur naturelle.

Pour en revenir aux objets de fabrication nettement locale, les parures, dans la région de Moussian, étaient des plus simples et d'un caractère archaïque bien marqué. Cette observation a son importance ; il en faudra tenir compte, en même temps que de la forme primitive des armes, quand nous aurons à dater la céramique des mobiliers funéraires.

FIG. 132. — Scarabée, pâte émaillée, vert foncé, grandeur naturelle.

CÉRAMIQUE

Nous devons scinder cette étude en deux parties selon que les échantillons ont été recueillis dans nos tranchées de Tépé Moussian ou dans les fouilles des nécropoles.

Au surplus, la différence est grande entre ces deux séries, non seulement comme matière et mode de fabrication, mais aussi comme procédés de décoration. La pâte des fragments sortis de nos tranchées est généralement bien malaxée, fine, d'un grain serré et dur ; la couleur a subi une cuisson. Dans les poteries des sépultures, la main d'œuvre est plus négligée et la décoration a été simplement appliquée après la cuisson des pièces. Nous considérerons ces derniers produits comme postérieurs en date, d'après l'évolution de la céramique telle que nous l'avons exposée page 83.

Rationnellement, il nous faut donc débuter par l'examen des fragments, avant d'aborder l'étude des vases entiers. Nous sommes, en outre, guidés par cette considération qu'un grand nombre de motifs, que nous observons isolément sur la première céramique, se rencontrent groupés sur la seconde. Cette méthode du simple au composé facilitera la description des objets.

FRAGMENTS DÉCORÉS. — Nous avons signalé (page 82) l'existence à Tépé Mohamed Djaffar d'une poterie épaisse, d'un rouge vif, à surface lissée.

Ces spécimens, malheureusement trop peu importants pour être reproduits, datent, selon nous, des premiers âges de la céramique ; ils accompagent le silex taillé et offrent un singulier aspect de parenté avec les poteries préhistoriques d'Abydos, Toukh, El Amrah, Kawamil, Silsilé (1). Ils sont parfois ornés de rehauts et pourvus d'oreillettes percées d'un trou de suspension.

On les trouve associés à des produits d'une pâte analogue, d'un grain peu serré, mais de couleur brune ou jaune foncé.

D'une époque non moins reculée est un fragment (fond de vase) modelé sur un panier servant de support à l'argile (fig. 133). Cet échantillon nous a été fourni par la tranchée la plus profonde de Tépé Moussian.

Un autre fond de vase non moins archaïque, de même provenance, mais d'une forme et d'une facture différentes (fig. 134), nous donne un premier essai

FIG. 133. — Tépé Moussian. Fond de vase, terre cuite rouge foncé, 2/3 gr. nat.

FIG. 134. — Tépé Moussian. Fond de vase, pâte lissée, rouge clair, décor rouge foncé, 2/3 gr. nat.

de décoration en couleur, rouge foncé sur rouge clair, motif et tons que nous relevons aussi sur les fragments de Tépé Mohamed Djaffar.

Nous groupons à la figure 135 trois spécimens qui ont encore une grande analogie avec la poterie préhistorique peinte observée en Égypte dans les nécropoles antérieures à l'usage du métal (2). Ils nous apparaissent à Tépé Moussian, comme intermédiaires entre la céramique de l'époque du silex taillé et celle que nous avons lieu de croire contemporaine de la pierre polie.

Cette dernière est bien caractéristique; elle marque une industrie spéciale à la Susiane et justifie la dénomination de *poterie fine* que nous lui avons appliquée.

La finesse de la pâte, la beauté et la variété des décors attestent un art raffiné. Les formes les plus usitées sont celles de coupes, de jattes et de plats dont les parois sont parfois presque aussi minces que de la porcelaine.

Sans en posséder le poli et l'imperméabilité, elles ont, de cette matière, le grain serré, la dureté, la sonorité avec une fragilité plus grande encore.

La pâte est d'une homogénéité parfaite, d'un ton jaune pâle ou vert clair, et quelquefois, mais très rarement, rougeâtre. Le décor a été appliqué préalablement à la cuisson, qui devait avoir lieu à une température élevée. Sur certains échantillons on peut observer que l'artisan a tracé son dessin en creux dans la pâte avant d'apposer la couleur qui est le plus souvent un noir franc ou un brun luisant, ou, exceptionnellement, un rouge brun. C'est la *poterie fine* qui nous présente les décors les plus remarquables comme sincérité d'observation et habileté d'exécution ; c'est à elle seule que nous devons des représentations exactes de la figure humaine.

La qualité de la matière, la vérité des sujets et l'heureuse composition des motifs concou-

(1) Cf. de Morgan, *Recherches sur les origines de l'Égypte, L'âge de la pierre et les métaux, Ethnographie préhistorique et Tombeau royal de Négadah.*
(2) *Ibid.*

█

rent pour assurer à cette céramique une supériorité marquée sur les produits des âges suivants.

Plus on se rapproche de l'apparition du métal plus il semble que la décadence s'accuse dans la fabrication et la décoration. C'est surtout le dessin et la couleur qui déclinent dans la poterie que nous qualifions *d'épaisse,* ce qui ne veut pas dire qu'elle soit grossière. Loin de là, car la pâte demeure de bonne qualité dans ces produits qui, fort probablement, ont commencé à coexister avec la poterie fine ; les besoins ménagers exigeaient, en effet, des ustensiles plus résistants que ceux qui viennent d'être décrits. Mais, peu à peu, l'art du potier a déchu ; l'artisan n'a plus su façonner la matière en vases aussi délicats et la *poterie épaisse* est devenue d'un usage exclusif.

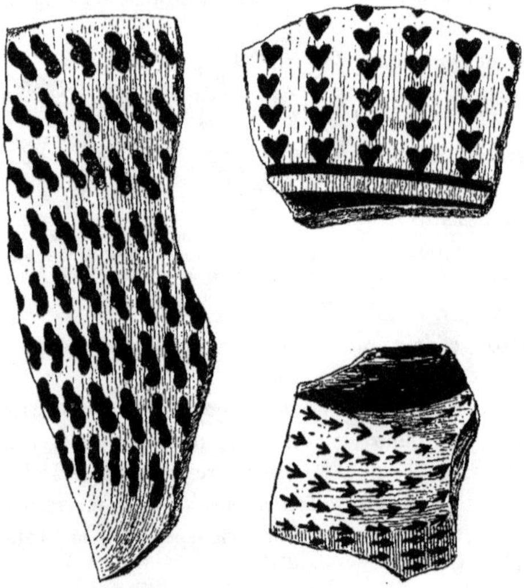

La pâte en est toujours bien malaxée, et d'un grain assez fin ; mais le décor, quoi qu'il soit fidèle aux mêmes sujets, devient très lâché comme exécution ; le dessin est peu soigné, à moins qu'il ne s'agisse d'un motif géométrique ; les proportions sont défectueuses dans les représentations animales, et la peinture a perdu sa ténacité, soit qu'elle ait été appliquée de façon négligente, soit qu'elle n'ait subi

FIG. 135. — Tépé Moussian. Fragment de jatte profonde, poterie fine, pâte rougeâtre, décor rouge foncé. — Fragment de coupe, poterie jaune clair, décor noir. — Col d'un petit vase, poterie jaune clair, décor noir figurant des pointes de flèches, grandeur naturelle.

qu'une cuisson insuffisante, soit qu'elle ait été postérieure à la cuisson des pièces.

Ces distinctions étant établies entre les deux genres de poteries *fine* et *épaisse,* il n'est plus utile de séparer les spécimens de l'une des échantillons de l'autre. La nécessité s'impose, au contraire, de les grouper pour étudier les divers genres de décoration. Il suffira au lecteur d'avoir en mémoire, que tout ce qui n'est pas figuré avec la mention *poterie fine* peut être considéré comme reliant cette céramique, contemporaine de la pierre polie, à la céramique de l'âge du bronze qui nous a été livrée par les sépultures.

Les motifs de décorations que nous avons observés peuvent se ramener à quatre groupes :

1° Dessin géométrique ;

2° Figurations végétales ;

3° Figurations animales ;

4° Représentations humaines.

Ces groupes se subdivisent eux-mêmes, selon le sujet du décor ; il n'est pas rare non plus, cela va sans dire, que des motifs empruntés à plusieurs groupes bien distincts soient combinés dans une même décoration.

Nous passerons en revue ces divers sujets à commencer par les plus simples pour aboutir aux plus compliqués.

DESSIN GÉOMÉTRIQUE. — La ligne droite en est l'élément primordial : nous la trouvons employée seule très fréquemment sur la poterie fine de Suse, mais beaucoup plus rarement à Tépé Moussian (fig. 136).

FIG. 136. — Tépé Moussian. Poterie jaune, décor noir, gr. nat.

La ligne brisée n'est, tout d'abord, qu'une série de traits grossiers qui ne tardent pas à gagner en précision et à s'associer à d'autres éléments (fig. 137).

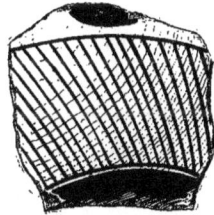

FIG. 137. — Tépé Moussian. Poterie jaune foncé, décor noir. — Poterie fine, pâte rougeâtre, décor brun rouge. — Poterie fine, jaune clair, décor noir, grandeur naturelle.

Puis la ligne brisée est elle-même l'objet d'une ornementation, en même temps que le décor augmente en combinaisons (fig. 138).

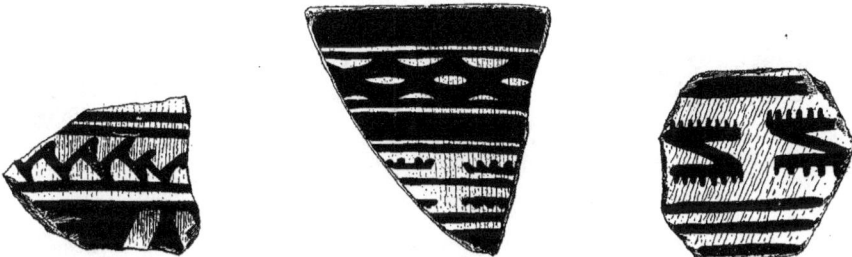

FIG. 138. — Tépé Moussian. Poterie jaune foncé, décor noir. — Tépé Aly-Abad. Poterie fine, vert clair, décor noir. — Tépé Moussian. Poterie fine, jaune clair, décor brun rougeâtre, grandeur naturelle.

Avant de passer pas ces diverses étapes et d'atteindre aux motifs compliqués, la ligne brisée subit une transformation (très visible à la figure 139), qui fera d'elle un élément de dessin dont nous allons retrouver l'emploi dans toute la céramique, jusqu'à celle des nécropoles où il est particulièrement fréquent ; nous voulons parler des lignes ondulées.

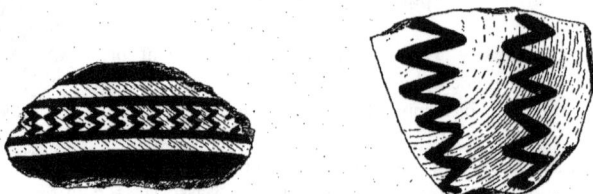

Fig. 139. — Transition entre la ligne brisée et la ligne ondulée. — Tépé Moussian.Poterie jaune clair, décor noir, 2/3 grandeur naturelle. Poterie fine, jaune clair, décor brun rougeâtre, grandeur naturelle.

Ce genre de motif, si fréquent dans la céramique égyptienne contemporaine de l'âge de la pierre(1), a été non moins mis à contribution par les potiers de la Susiane antique. Tantôt ce

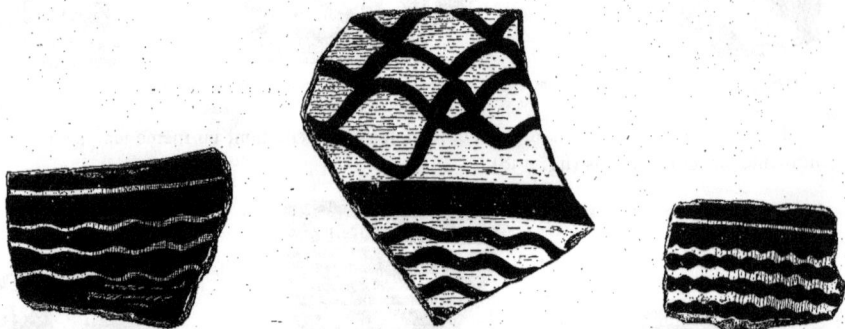

Fig. 140. — Tépé Moussian. Poterie grossière jaune, décor noir, gr. nat.

Fig. 141. — Khazinèh. — Poterie vert clair, décor noir, grandeur naturelle.

Fig. 142. — Khazinèh. Poterie fine, jaune clair, décor noir, grandeur naturelle.

sont de simples ondulations courant en parallèles (fig. 140) ; tantôt le même décor élémentaire se

(1) Cf. *Recherches sur les origines de l'Égypte, L'âge de la pierre et les métaux,* par J. de Morgan. Planches IV, V, VI, VII, VIII, IX et X.

répète associé à des ondulations enchevêtrées (fig. 141). La ligne ondulée devient très vite une ornementation soit unique (fig. 142), soit combinée avec d'autres décors rectilignes (fig. 143).

FIG. 143. — Tépé Moussian. Poterie jaune clair, décor noir. — Khazinèh. Poterie jaune clair, décor noir. — Khazinèh. Poterie jaune clair, décor noir, grandeur naturelle.

C'est principalement sur les grands vases que nous l'observons à l'état de décor géométrique bien défini, sous forme de festons (fig. 144).

FIG. 144. — Tépé Moussian. Fragment du col d'un grand vase, poterie épaisse, jaune clair, décor brun rougeâtre, grandeur naturelle.

FIG. 145. — Tépé Moussian. Poterie épaisse, jaune clair, décor noir, grandeur naturelle.

L'espace compris entre les courbes est orné de lignes perpendiculaires. Une série de droites parallèles encadre les festons ; la décoration est complétée par un semis de petites croix.

La figure 145 nous offre une ornementation qui diffère peu de la précédente. Sauf en ce qui concerne le motif supérieur, la disposition est similaire.

Un décor très usité est celui que nous donne le fragment de grande jatte reproduit ci-des-

6

sous (fig. 146). Ces jattes étaient profondes, très résistantes vu l'épaisseur de leurs parois, et, par suite, d'un bon usage ménager. Aussi en avons-nous trouvé de fort nombreux fragments.

Enfin la ligne ondulée nous apparaît sous l'aspect de festons superposés (fig. 147) dans la décoration du fond d'une coupe. Ces ustensiles étaient décorés tantôt à l'extérieur, tantôt à l'intérieur, ce qui est ici le cas. Nous avons quelques exemples d'une décoration double, intérieurement et extérieurement.

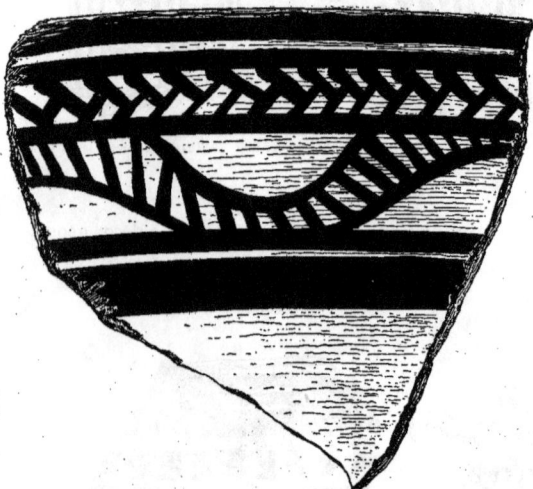

FIG. 146. — Tépé Moussian. Fragment d'une grande jatte, poterie épaisse jaune, décor brun rougeâtre, grandeur naturelle.

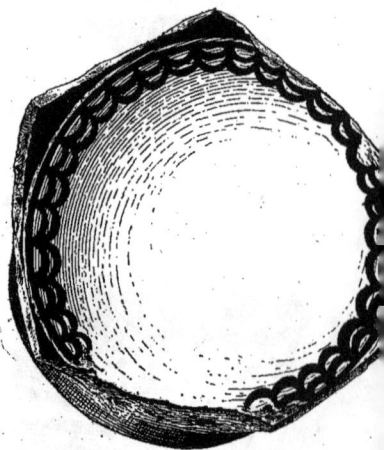

FIG. 147. — Tépé Moussian. Fond d'une coupe, pâte jaune clair, décor noir, grandeur naturelle.

Pour suivre le passage de la ligne brisée à la ligne ondulée, nous avons dû abandonner le dessin rectiligne; il nous y faut revenir afin d'étudier les motifs qui dérivent directement de la ligne brisée, à savoir le chevron, le triangle et le décor en dents de loup. Nous les retrouverons combinés dans une foule de décorations très variées.

Il est inutile d'insister sur un motif aussi simple que celui du chevron ; nous en avons un exemple, d'effet très réussi, dans la figure 148, où il est employé isolément. C'est le cas le plus commun pour ce motif dans la poterie peinte découverte à Suse.

Il a suffi que le chevron vint s'appuyer sur une bande décorant le pourtour d'un vase pour que le triangle fût déterminé (fig. 149). Dans le spécimen que nous reproduisons, deux zones de chevrons sont superposées. Les sommets d'angle sont dirigés alternativement vers le col et vers la base de la poterie ; les chevrons s'intercalent, de la sorte, les uns dans les autres, en sens opposé, formant une sorte d'engrenage.

FIG. 148. — Tépé Moussian. Poterie fine, jaune clair, décor rouge, gr. nat.

FIG. 149. — Tépé Moussian. Poterie jaune clair, décor noir, grandeur naturelle.

FIG. 150. — Tépé Moussian. Poterie jaune clair, décor brun, gr. nat.

L'artisan s'est ensuite appliqué à garnir la surface du triangle soit au moyen de traits croisés

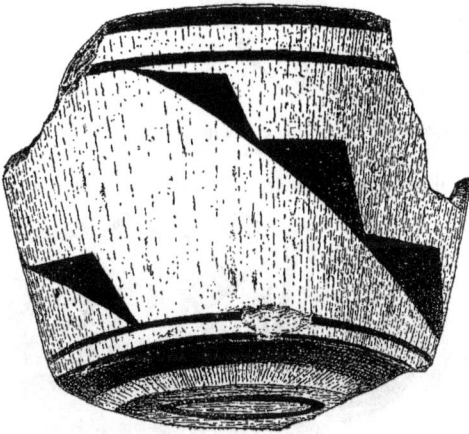

FIG. 151. — Mourad-Abad. Moitié d'une coupe. Poterie fine, jaune clair, décor noir, grandeur naturelle.

(fig. 150), soit en la couvrant entièrement d'un enduit, comme dans la série de triangles accotés qu'il a jetés si élégamment en travers d'une coupe (fig. 151).

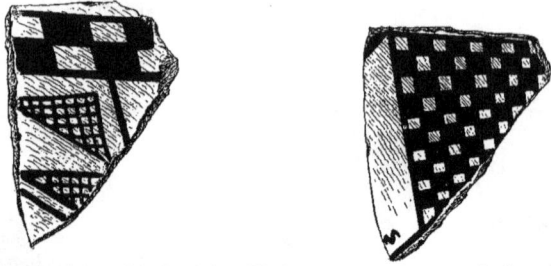

FIG. 152. — Mourad-Abad. Poterie jaune clair, décor noir. — Tépé Moussian. Poterie fine, jaune pâle, décor noir, grandeur naturelle.

La variété s'accuse de plus en plus avec l'emploi de ce motif ; ou bien, décoré intérieurement

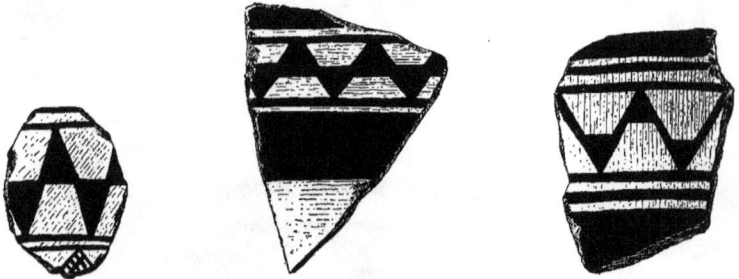

FIG. 153. — Tépé Moussian. Poterie fine jaune clair, décor brun clair. — Poterie fine jaune clair, décor noir. — Poterie jaune clair, décor noir, grandeur naturelle.

de traits entre-croisés, il est associé à un décor en damiers, ou bien le décor en damiers occupe la

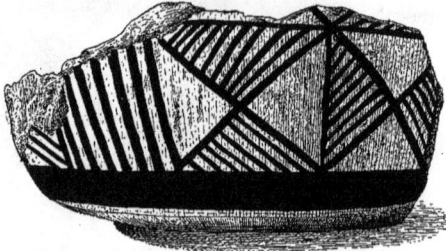

FIG. 154. — Tépé Moussian. Poterie épaisse rouge clair, décor brun foncé, grandeur naturelle.

surface du triangle (fig. 152), produisant un joli effet par l'alternance des carrés clairs et foncés

Lorsque la surface du triangle est colorée en plein, c'est par l'agencement du dessin même et par la combinaison que l'artisan varie ses effets. Tels sont les décors obtenus au moyen de triangles accolés par la base, ou alternant de même sur une bande, ou remplissant les angles formés par des chevrons (fig. 153).

FIG. 155. — Tépé Moussian. Poterie jaune clair, décor noir, grandeur naturelle.
Poterie jaune clair, décor brun avec quadrillés, 1/2 grandeur naturelle.

Un autre motif, que nous retrouverons sur presque tous les vases des nécropoles autour de Tépé Moussian, est déterminé au moyen de triangles opposés par leur sommet (fig. 154).

Dans cet exemple la surface des triangles est ornée de traits parallèles. La figure 155 nous donne, au contraire, des triangles opposés dont la surface est colorée en plein. Nous aurons à revenir sur ce genre de décoration. Quelques auteurs, qui font autorité dans l'étude de la céramique grecque, ont vu dans ce motif la figuration de la hache. Cette interprétation peut être très fondée lorsqu'il s'agit des armes de Hellènes, mais nous devons faire observer ici qu'aucune des haches de bronze trouvées dans les nécropoles de Moussian ne correspond comme type, au motif décoratif peint sur nos poteries et

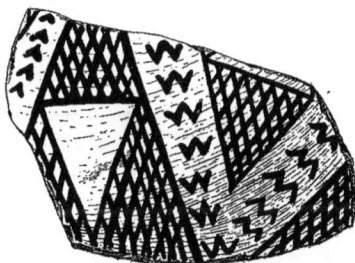

FIG. 156. — Tépé Moussian. Poterie fine, jaune clair, décor brun, grandeur naturelle.

qui doit, par conséquent, dériver d'une autre origine. Nous avons, toutefois, dans notre céramique peinte la figuration de la pointe de flèche.

La fantaisie de l'artisan varie incessamment dans la disposition des triangles, qui sont ornés à l'intérieur de traits entre-croisés (fig. 156) ou de damiers ménagés dans un fond unicolore. Dans le dernier cas que nous citons le triangle est décomposé en deux éléments (fig. 157).

Bientôt ce seront les lignes mêmes du triangle qui seront l'objet d'une ornementation plus ou moins simple (fig. 158). La forme géométrique tendra dès lors à s'altérer. Dans le début, le décor ne perdra rien à cette modification qui rompt la sécheresse des lignes et dont l'effet est, par

FIG. 157. — Tépé Moussian. Fragment de grand vase, pâte vert clair, décor noir, grandeur naturelle.

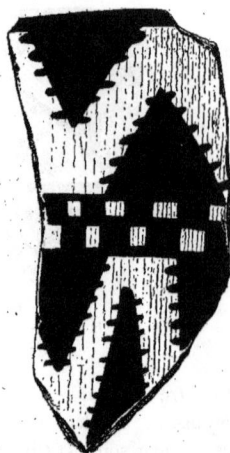

FIG. 158. — Tépé Moussian. Fragment de jatte. Poterie très fine, jaune pâle, décor noir, grandeur naturelle.

suite, assez heureux. Mais la transformation ne tardera pas à faire oublier l'origine même de ce motif et il deviendra difficile de le discerner dans le dessin, assez négligé, d'ailleurs, que reproduit la figure 159.

FIG. 159. — Tépé Moussian. Fragment de jatte. Poterie fine, jaune clair, décor brun rougeâtre, grandeur naturelle.

Mais, avant de dégénérer à cet état de confusion, le triangle a fourni au décorateur un motif très agréable à l'œil par son élégante simplicité. Aussi l'avons-nous observé avec fréquence, tant sur les poteries de grandes dimensions que sur les petits vases. Il se compose de triangles rectangles disposés en rangées parallèles. La surface des triangles est toujours colorée en plein. Une très heureuse alternance est ainsi établie entre les tons foncés du décor et les vides régulièrement ménagés sur le fond clair de la pâte (fig. 160).

Souvent les triangles rectangles, soit comme motif unique, soit associés à d'autres éléments, se suivent rangés sur deux lignes, mais avec une direction contraire, c'est-à-dire disposés tantôt de gauche à droite, tantôt de droite à gauche (fig. 161).

Enfin la même disposition s'observe, mais avec transformation de la ligne droite en ligne

FIG. 160. — Tépé Moussian. Poterie
jaune clair, décor noir, gr. nat.

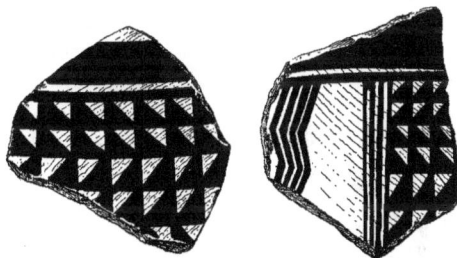

FIG. 161. — Tépé Moussian. Poterie fine, jaune foncé, décor noir. — Poterie
jaune clair, décor noir, 1/2 grandeur naturelle.

courbe pour le côté de l'hypothénuse. Les triangles deviennent ainsi de véritables dents (fig. 162).

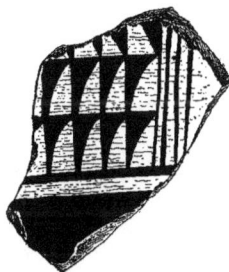

FIG. 162. — Tépé Moussian. Poterie jaune
clair, décor noir, grandeur naturelle.

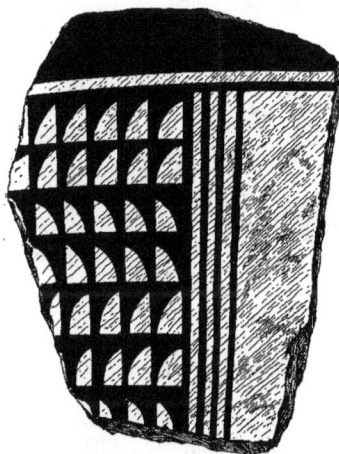

FIG. 163. — Tépé Moussian. Fragment d'un grand vase cylindrique, poterie épaisse rougeâtre, décor rouge foncé,
1/2 grandeur naturelle.

Ces dentelures ont la pointe dirigée tantôt vers le haut, tantôt vers la base de la poterie. Elles délimitent entre elles des segments ménagés sur le fond de la pâte et produisent ainsi un nouvel ordre de décor, usité généralement sur les vases de dimensions assez fortes. Les parois de ces ustensiles sont épaisses et résistantes (fig. 163).

Le rectangle. — Un fragment assez important d'une jatte, trouvé à Tépé Khazineh, nous montre l'emploi du rectangle, comme décor, à son origine. Cette poterie appartient certainement à une époque très reculée dans l'âge de la pierre polie. On ne saurait louer la régularité du dessin, cependant l'intention de tracer des sortes de rectangles est assez manifeste. L'ouvrier n'y a guère réussi et il ne faut voir, dans sa tentative, que le résultat très primitif d'un essai encore maladroit (fig. 164). Cependant l'art du potier avait déjà atteint un grand degré de perfection, si nous en jugeons par la finesse de la matière et le soin avec lequel la cuisson a dû être conduite. La pâte est d'un grain très serré, avec une forte proportion de silice qui, soumise à une température élevée, a donné un produit remarquable par sa dureté, son imperméabilité et sa sonorité, mais dont la fragilité est, d'autre part, extrême. Ce genre de poterie constitue un essai des plus intéressants et qui n'est pas isolé, car nous avons recueilli de nombreux fragments de cette céramique à parois minces et à pâte verdâtre. Mais, dans le cas présent, au point de vue de la décoration, ou bien l'ornemaniste manquait d'expérience, ou bien il s'est montré, dans son travail, d'une négligence extrême. L'effet obtenu n'est, cependant, pas désagréable.

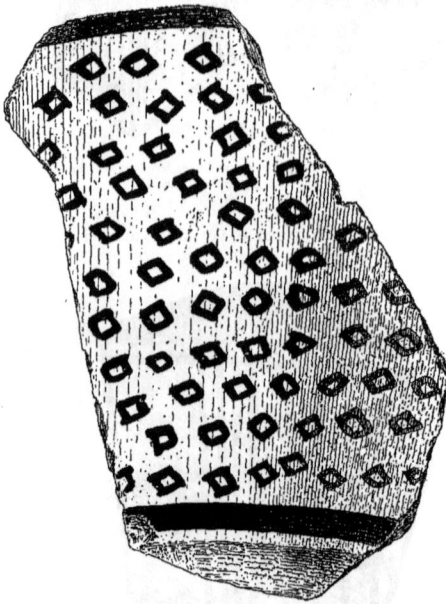

Fig. 164. — Khazineh. Fragment d'une jatte, poterie fine, pâte verdâtre, décor noir, grandeur naturelle.

Avec la figure 165 qui suit, le dessin se précise. Encore incomplet dans le premier échantillon (fragment de gobelet) le rectangle se définit de façon régulière dans le spécimen suivant. Il est déterminé par des séries de trois lignes parallèles qui se coupent.

Mourad Abad nous fournit l'exemple d'un dessin, moins régulier comme lignes, mais avec un commencement d'ornementation intérieure constituée par un simple point.

Puis ce sont des lignes droites qui interviennent pour garnir l'intérieur des rectangles :

d'abord trois traits parallèles, puis deux médianes, ou une médiane coupée par deux perpendiculaires, enfin des séries de lignes parallèles se recoupant les unes les autres pour former une

FIG. 165. — Tépé Moussian. Fragment de gobelet, poterie fine, jaune clair, décor noir. — Tépé Moussian. Poterie fine, jaune clair, décor rougeâtre. — Mourad-Abad. Poterie jaune clair, décor noir, grandeur naturelle.

sorte de grillage (fig. 166). Dans ce dernier cas les rectangles sont très allongés et juxtaposés à l'un de leurs angles.

FIG. 166. — Tépé Moussian. Fragment d'écuelle, poterie jaune clair, décor brun, 2/3 grandeur naturelle. — Khazineh. Poterie fine, jaune foncé, décor brun rouge, grandeur naturelle. — Tépé Moussian. Poterie jaune clair, décor noir, grandeur naturelle.

Comme effet décoratif obtenu par l'emploi du rectangle nous citerons encore (fig. 167) la combinaison produite par l'alternance de rectangles ornés de la sorte, intérieurement, et délimitant entre eux d'autres rectangles de ton clair ménagés sur le fond de la pâte. Ils sont associés à un quadrilatère régulier, coloré en plein, sur le champ duquel se détachent des diagonales et un semis de petits points clairs symétriquement disposé.

Un dernier échantillon nous montre le trapèze intervenant comme motif dans la décoration. Il est associé à des traits et à de larges bandes de couleur (fig. 168). Cette poterie est très ancienne

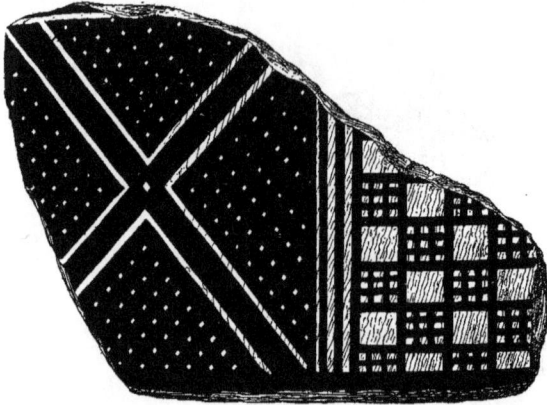

FIG. 167. — Mourad-Abad. Fragment de grand vase, poterie épaisse, jaune clair, décor noir 1/2 grandeur naturelle.

FIG. 168. — Tépé Moussian. Fragment d'écuelle, poterie fine, jaune pâle, décor brun clair, grandeur naturelle.

et d'une facture fort soignée. C'est le seul spécimen de ce genre que nous ayons rencontré à Tépé Moussian ; il fait défaut dans les monticules de la région avoisinante.

LE LOSANGE. — Avec le losange nous entrons dans une série de décorations très variées. Les potiers semblent avoir professé une prédilection pour ce motif, non seulement dans la contrée de Tépé Moussian, mais aussi à Suse où la céramique en fournit de très nombreux exemples.

Nous observerons, tout d'abord, le losange simple aux lignes unies ou ornées (fig. 169) avec, pour toute ornementation intérieure, un point de couleur.

Puis le losange est orné intérieurement de lignes entre-croisées ou parallèles, avec un cercle plus ou moins bien réussi (fig. 170).

C'est dans cette dernière combinaison qu'il nous apparait le plus souvent sur les poteries de grandes dimensions, jarres et écuelles profondes, à fortes parois. Tépé Khazinêh, plus spécialement, nous a fourni un grand nombre de fragments appartenant à ces deux formes. Dans les tranchées de Suse les poteries qui portent ce genre de décoration se rangent toutes dans la catégorie des grands vases. Le ton du décor est rouge ou d'un brun clair, tandis qu'à Moussian la matière colorante employée est généralement noire.

Fig. 169. — Tépé Moussian. Fragment de jatte, poterie rougeâtre, décor rouge foncé. — Tépé Moussian. Poterie jaune clair, décor noir. — Khazinèh. Poterie fine, vert clair, décor noir, grandeur naturelle.

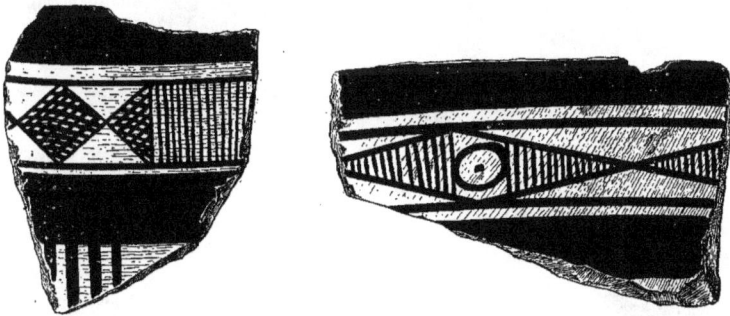

Fig. 170. — Tépé Moussian. Poterie épaisse, jaune clair, décor noir, grandeur naturelle. — Tépé Moussian. Poterie jaune clair, décor noir, 1/2 grandeur naturelle.

Fig. 171. — Tépé Moussian. Poterie fine, vert clair, décor noir. — Tépé Moussian. Poterie fine, jaune clair, décor noir. — Khazinèh. Poterie verdâtre, décor noir, grandeur naturelle.

Le caprice du décorateur se donne libre carrière avec ce motif, au point qu'il est parfois dif-

FIG. 172. — Khazinêh. Poterie fine, jaune, décor noir. — Khazinêh. Décor intérieur d'une jatte, poterie jaune clair, motifs noirs.

ficile d'interpréter la tendance de l'artisan (fig. 171). Dans d'autres cas, l'intérieur du motif géométrique est orné lui-même de losanges couplés, colorés en plein ; ou bien les losanges couplés se suivent, avec un polygone ménagé dans le champ de la couleur.

FIG. 173. — Khazinêh. Poterie jaune clair, décor brun rougeâtre, grandeur naturelle.

On serait presque tenté de voir un essai très fantaisiste de reproduction du visage humain dans les deux premiers motifs que nous donne la figure 172.

Le second surtout est caractéristique ; il nous montre une sorte de mèche s'échappant de l'angle supérieur du losange. Mais l'intention n'est pas assez marquée pour qu'on puisse s'aventurer au delà d'une conjecture. Quant au troisième spécimen (fig. 173) il réunit, sous une forme simplifiée, les éléments précédents au dispositif que nous avons déjà observé dans la figure 171.

C'est à une transformation du losange que nous devons l'intervention des fuseaux dans le décor des poteries. Ils se présentent ici couplés par trois, les deux fuseaux externes étant munis d'un renflement vers la partie centrale (fig. 174).

Ce nouveau sujet de décoration est accompagné non seulement de dessins géométriques, mais aussi de représentations peu faciles à définir. Des perpendiculaires, disposées parallèlement par séries de trois, sont flanquées de motifs en damiers que délimitent des lignes courbes. Cette singulière ornementation ressemble vaguement à une paire d'ailes. Rien d'analogue ne se rencontre dans le géométrique proprement dit et l'on ne saurait, non plus, assimiler ce dessein aux représentations végétales. Il est, par suite, impossible de discerner le point de départ de ce genre de décoration.

LA CROIX. — Nous la voyons d'abord seule, à l'état élémentaire : deux rectangles, se recoupant en leur milieu, forment une figure un peu biaise. Sur les autres débris nous trouvons une modification à la première manière ; c'est une croix de Malte que l'artiste est arrivé à produire dans sa recherche.

L'évolution tend, cette fois, non à simplifier, mais bien à créer un élément nouveau qui parvient rapidement au degré de motif perfectionné

FIG. 174. — Khazinéh. Fragment d'un grand vase, poterie verdâtre, décor noir, grandeur naturelle.

par l'élégance (fig. 175) des lignes et l'association avec d'autres ornementations, comme dans le

FIG. 175. — Tépé Moussian. Poterie jaune clair, décor noir. — Tépé Moussian. Poterie rougeâtre, décor noir. — Tépé Moussian. Poterie jaune clair, décor noir. — Tépé Moussian. Fragment de petite coupe, poterie fine, jaune clair, décor brun, grandeur naturelle.

quatrième spécimen où elle accompagne une théorie de chèvres, assez mal représentées d'ailleurs

Un fragment, recueilli à Tépé Moussian, nous donne la représentation de la croix ansée

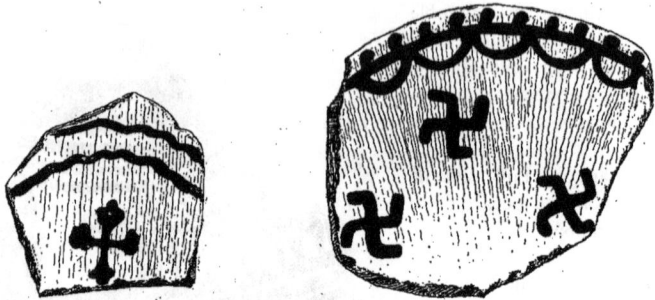

FIG. 176. — Tépé Moussian. Poterie jaune foncé, décor noir. — Tépé Moussian. Intérieur d'une petite jatte, poterie jaune clair, décor noir, grandeur naturelle.

(fig. 176) tandis qu'une portion de jatte plate, de même provenance, nous fournit, fait intéressant à noter, le motif du svastika.

FIG. 177. — Khazinèh. Poterie jaune clair, décor noir. — Tépé Moussian. Fond de jatte, poterie jaune clair, décor brun rougeâtre, grandeur naturelle.

Les deux décors reproduits à la figure 177 dérivent de la croix inscrite dans un cercle ; mais le décorateur a très adroitement embelli le dessin, d'abord en interrompant et en ornant la ligne de la circonférence, puis en incurvant les lignes de la croix. Par l'augmentation

FIG. 178. — Khanizéh. Poterie jaune clair, décor brun. — Tépé Moussian. Poterie rougeâtre, décor rouge foncé, gr. nat.

du nombre de ses branches la croix se transforme en étoile et en représentation solaire (fig. 178).

LE CERCLE. — C'est d'abord une courbe informe qui ressemble plutôt à un œil, vu de face, qu'à un cercle proprement dit (fig. 179). Peu à peu la forme géométrique se précise, bien qu'il ne s'agisse encore que d'anneaux tangents les uns aux autres (fig. 180) ; le point central s'élargit et suit assez exactement la ligne de la circonférence. Puis, le cercle est obtenu en réservant, dans le champ d'une bande de couleur, une surface claire que coupent deux lignes ondulées (fig. 181). Ce sont ensuite deux lignes dentelées qui ornent l'intérieur du cercle (fig. 182).

Associée à d'autres motifs, damiers, semis de points, guirlandes, la figure se transforme. Nous voyons deux cercles concentriques, ornés au centre de quatre points en croix. L'anneau déterminé par les deux courbes est coupé d'une série de petits traits (fig. 183). Ce sont ensuite des losanges ou des cercles concentriques qui forment le sujet de l'ornementation intérieure ; deux diagonales ou deux diamètres perpendiculaires coupent ces motifs purement géométriques (fig. 184). Enfin la ligne de la circonférence s'orne de perlettes, dans les types qui suivent (fig. 185) ; le second a pour décor intérieur trois triangles opposés par leur sommet au centre du cercle (fig. 186). Le dernier spécimen, orné extérieurement de rectangles quadrillés, peut être interprété comme une figuration solaire, à moins qu'on ne préfère y voir, ce qui nous paraît moins probable, une représentation architecturale (fig. 187).

Nous en avons terminé avec le décor géométrique ; les motifs dont l'examen suit ont été empruntés aux règnes végétal et animal.

FIGURATIONS VÉGÉTALES. — Le décor obtenu par la représentation de sujets choisis parmi les végétaux vient immédiatement après l'emploi du dessin géométrique, comme facilité d'exécution. L'immobilité du végétal en rend l'observation aisée. Sans doute les plaines du Pouchté-Kouh sont pauvres en espèces arborescentes ; il n'y croît que de la brousse, tamaris et mimosas épineux ;

Fig. 181.

Fig. 179.

Fig. 180.

Fig. 182.

Fig. 183.

Fig. 184.

Fig. 185.

Fig. 186.

Fig. 187.

Fig. 179 à 185. — Tépé Moussian. Poterie jaune clair, décor noir. — Id. Fragment de jatte, poterie fine, verte, décor noir. — Id. Poterie grossière, jaune, décor noir. — Id. Poterie fine, jaune clair, décor noir. — Id. Poterie fine, jaune, décor noir. — Id. Poterie jaune foncé, décor noir. — Id. Poterie fine, vert clair, décor noir. — Fig. 185 et 187. — Khazinéh. Poterie fine, vert clair, décor noir, grandeur naturelle. — Kkazinéh. Fragment de vase ovoïde, poterie fine, vert clair, décor brun rougeâtre, 1/2 grandeur naturelle.

mais les roseaux abondent, avec toute la série des plantes marécageuses, et les prairies naturelles s'étendent à perte de vue. Au surplus, la zone forestière est très proche dans les montagnes qui, à partir d'une certaine altitude, sont couvertes de chênes à glands doux, de térébinthes et d'une foule d'arbustes buissonneux. Il semblerait donc que les potiers de Moussian ait dû mettre à profit cette richesse et cette variété, comme n'ont pas manqué de le faire les céramistes grecs et principalement les antiques artistes égéens. Cependant les artisans de cette partie de la Susiane n'ont point tiré grand parti des ressources que leur offrait la flore de leur région.

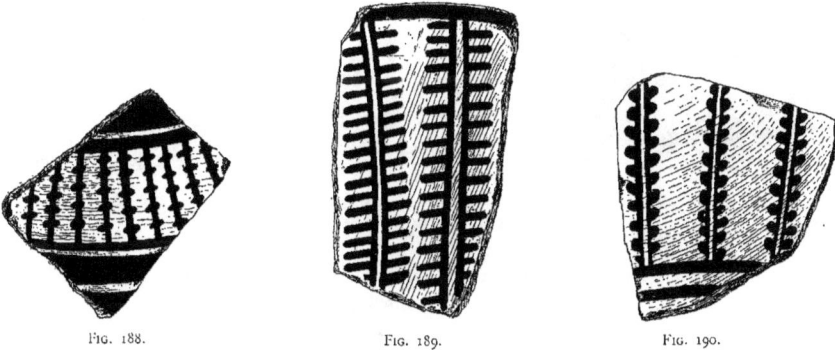

FIG. 188.   FIG. 189.   FIG. 190.

FIG. 188-190. — Tépé Moussian. Poterie jaune clair, décor noir. — Khaziuèh. Fragment de gobelet, poterie fine, pâte rougeâtre, décor rouge foncé. — Tépé Moussian. Poterie jaune foncé, décor brun, grandeur naturelle.

Les spécimens que nous reproduisons représentent tout d'abord une succession de tiges pourvues de renflements qui évoquent l'idée des nœuds du roseau (fig. 188). Puis les tiges portent des folioles horizontales disposées symétriquement avec une raideur toute primitive (fig. 189). La représentation qui suit est moins fruste; on y distingue plus nettement des petites feuilles symétriques, sans qu'il soit, toutefois, possible d'identifier la plante (fig. 190).

On reconnaît mieux (fig. 191) la figuration des feuilles du palmier. La première tentative est assez maladroite; les tiges ne portent, sur un seul côté, qu'une série de feuilles. Peu à peu l'observation devient plus exacte et les feuilles sont bilatérales, mais elles se dressent raidement, circonscrites par un gros trait curviligne; cette disposition rappelle celle des peintures de la céramique préhistorique égyptienne (1).

Enfin le dessin perd de sa raideur et tend à se rapprocher de la nature. L'artisan n'en tirera jamais grand effet, car le modèle est peu décoratif et le palmier n'a jamais passé pour offrir un bien gracieux aspect, du moins pris isolément. Dans les échantillons que nous figurons ci-des-

(1) *Recherches sur les origines de l'Égypte, L'âge de la pierre et les métaux*, par J. de Morgan, pl. X.

sous on voit des branches alternantes jaillir d'une tige principale (fig. 192), elles ont ici une tendance à s'incurver, comme dans la nature, mais sont encore cernées par un large trait courbe.

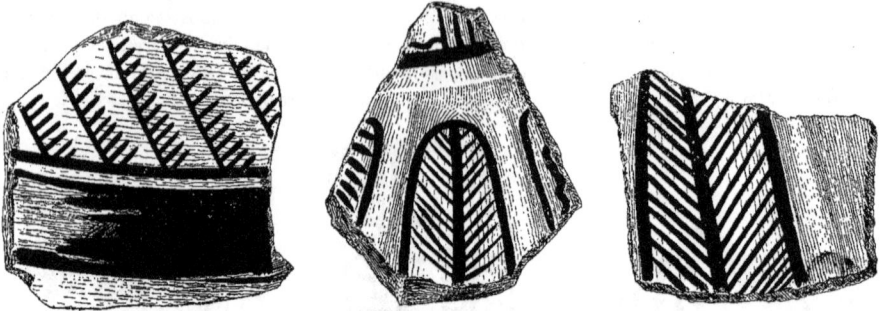

FIG. 191. — Khazineh. Poterie jaune clair, décor noir. — Id. Poterie rougeâtre, décor rouge et brun foncé. — Id. Poterie rougeâtre, décor
rouge et noir, grandeur naturelle.

Puis c'est dans une sorte de trapèze que le motif est enfermé ; les branches retombent vers le sol
et les feuilles ne sont plus représentées que d'une façon rudimentaire. Nous entrons, avec ces

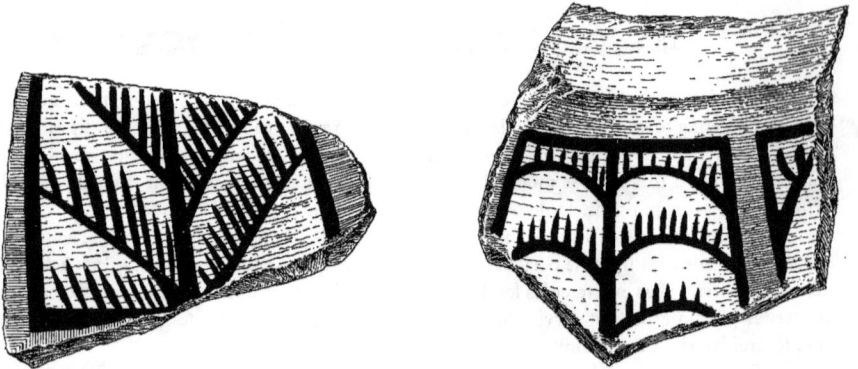

FIG. 192. — Khazineh. Fragment de grand vase, poterie jaune foncé, décor rouge et noir. — Id. Fragment de grand vase, poterie rougeâtre,
décor rouge et noir, grandeur naturelle.

motifs, dans la série des décorations végétales dont les grands vases des sépultures nous donne-
ront maint exemple.

Les petites poteries nous offrent, au contraire, des types qui s'éloignent progressivement du modèle pour entrer dans le domaine de la fantaisie. Plus le décor est riche, plus le caprice de l'ar-

Fig. 193 et 194. — Tépé Moussian. Fond d'un vase droit, poterie épaisse, jaune clair, décor noir, grandeur naturelle. — Id. Décoration intérieure d'une petite jatte, poterie jaune clair, décor noir, grandeur naturelle.

tisan s'accentue dans la représentation des végétaux. On retrouve encore la figuration première du palmier à la figure 193, mais dans la figure 194 l'analogie devient déjà difficile à établir. Par

Fig. 195. — Khazinèh. Fragment d'écuelle, poterie jaune pâle, décor brun clair, grandeur naturelle.

Fig. 196. — Mourad-Abad. Fragment de jatte, poterie vert clair, décor noir, grandeur naturelle.

contre, toutes les ressources du style géométrique ont été mises en œuvre; le décor est surchargé de bandes, damiers, dentelures, festons et motifs en ogive. Enfin dans le spécimen reproduit à la figure 195, si la richesse de l'ornementation est louable et d'un bel effet, le végétal n'y entre plus, comme décoration, que sous une forme tout à fait capricieuse.

Le spécimen reproduit à la figure 196 nous apporte un motif d'un nouveau genre ; il est fâcheux qu'il ne nous en livre qu'une très faible partie. Le décor est en effet beaucoup plus réussi comme observation et exécution que sur les autres poteries. Malheureusement le peu que nous possédons de la figuration végétale ne saurait nous permettre de reconstituer l'ensemble.

Quant au petit fragment représenté à la figure 197, il a des prétentions indiscutables à reproduire une plante avec ses feuilles et sa fleur ; mais le sujet est traité avec une telle fantaisie qu'il serait trop hasardé de proposer une assimilation.

On remarquera que : premièrement, les figurations végétales, si elles sont fréquentes, se diversifient fort peu les unes des autres ; deuxièmement, aucune plante cultivée, connue de nous, ne figure dans les représentations, sauf le palmier. Or la flore n'a pas varié sensiblement dans ces régions depuis les âges antiques jusqu'à nos jours. Il est intéressant de noter que ni le blé, originaire de Mésopotamie, ni aucun des végétaux employés dans l'alimentation, de temps immémorial, ne sont figurés sur les poteries de Moussian. On peut déduire de ce fait que les populations étaient plus pastorales qu'agricoles et c'est là une indication utile pour établir la haute antiquité de la céramique.

FIG. 197. — Khazinèh. Poterie jaune foncé, décor rouge et noir, 1/2 gr. nat.

FIGURATIONS ANIMALES. — *Quadrupèdes.* Les quadrupèdes représentés sur les poteries peintes de Moussian sont : le bœuf (?), le bélier ou le mouflon, l'œgagre et la gazelle.

Nous citons le bœuf d'une façon dubitative parce que la représentation qui nous est donnée (fig. 198) est si primitive qu'elle laisse place à l'incertitude. Cette figuration est unique à Moussian ; nous devons ajouter que nous ne retrouvons nulle part la représentation d'un bovidé, si ce n'est, peut-être, sur un grand vase, découvert à Suse, et qui est contemporain de la céramique des sépultures. On peut tout aussi bien voir à la figure 198 une tête de bélier ou de mouflon qu'une tête de bœuf. Nous inclinerions à croire qu'il s'agit ici du mouflon, animal qui abonde encore actuellement, ainsi que l'œgagre, dans tout le massif du Kébir Kouh. On le rencontre, d'ailleurs, dans presque toutes les montagnes de la Perse. Il est très connu sous le nom d'*argali* ; les nomades le dénomment « mouton de montagne ».

Cette représentation nous fournit, sur un certain nombre de spécimens, un curieux exemple du processus qui subit un motif bien déterminé, depuis son origine jusqu'au moment où il se transforme en un schéma énigmatique.

La figure 199 nous montre une guirlande de têtes de mouflons, associée à deux représentations solaires. Nous avons, d'autre part (fig. 200, page 118), le même motif accompagné de deux zones de quadrupèdes, chèvres sauvages (œgagres), ou gazelles, d'un dessin très peu soigné. Les

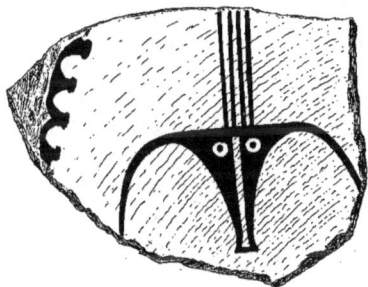

FIG. 198.

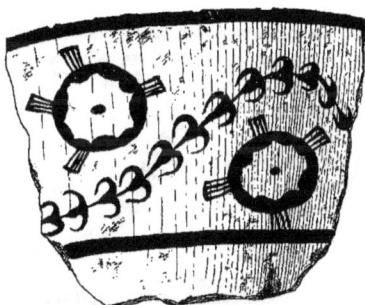

FIG. 199.

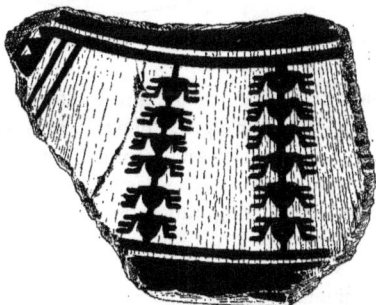

FIG. 203.

FIG. 201.

FIG. 202.

FIG. 204.

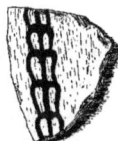

FIG. 205.

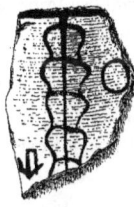

FIG. 206.

FIG. 198. Khazinêh. Poterie jaune clair, décor noir, gr. nat. — FIG. 199. Id. Fragment de coupe, poterie fine, pâte verte, décor noir, gr. nat. — FIG. 201. Tépé Moussian. Poterie fine, pâte verdâtre, décor brun foncé, gr. nat. — FIG. 202. Id. Poterie fine, jaune clair, décor noir, gr. nat. — FIG. 203. Khazinêh. Décor intérieur d'une jatte, poterie jaune clair, décor noir, gr. nat. — FIG. 204. Id. Poterie fine, jaune clair, décor noir, gr. nat. — FIG. 205. Tépé Moussian. Poterie fine, jaune, décor noir, 2/3 gr. nat. — FIG. 206. Id. Poterie fine, jaune clair, décor noir, 2/3 gr. nat.

figures 201 et 202 répètent ce sujet, mais les têtes sont disposées en rangées verticales ; on reconnaît encore fort bien le sujet originel. Dans le spécimen de la figure 203 le décorateur a perdu le sens du motif primitif ; les têtes n'ont plus la forme naturelle et les cornes sont ornées de bois latéraux semblables à des ramures. La déviation est encore plus frappante à la figure 204 où le dessin est disposé en une bande horizontale. Enfin aux figures 205 et 206 la schématisation est complète : la tête a disparu, remplacée par un trait vertical ; les cornes, en s'allongeant, se sont rejointes ; nous ne trouvons plus qu'une série d'annelures, flanquées,

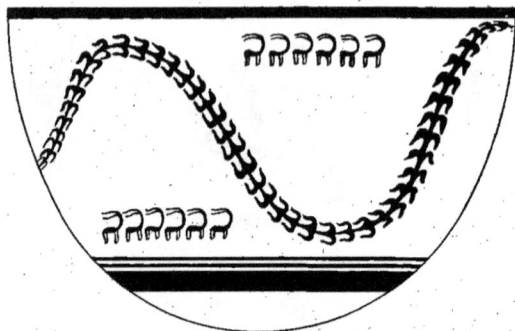

FIG. 200. — Khazinèh. Jatte en poterie fine, jaune clair, décor noir, 1/2 gr. nat.

dans un des cas, de la représentation solaire réduite à un simple cercle. Le motif est devenu incompréhensible pour qui n'en a pas suivi l'évolution.

Ce n'est pas le seul exemple de déviation que nous aurons à observer ; le même processus se discerne également dans les figurations de gazelles, d'œgagres et d'oiseaux. Il est très remarquable dans les figurations humaines.

GAZELLES. — Dans les vastes plaines de la Susiane, ce gracieux quadrupède vit en hardes nombreuses. Pendant que nous surveillions le travail de nos tranchées, nous en avons souvent vu, du haut de Tépé Moussian, des bandes qui s'approchaient à peu de distance du tell. En parcourant la région sauvage des Beni-Lams (Mars, 1900), à l'époque de la crue du Tigre, nous avons rencontré des multitudes de gazelles qui, chassées par le débordement des eaux, se réfugiaient sur les hauteurs ; chacun de leurs troupeaux comptait plusieurs centaines d'individus. La contrebande des armes de guerre modernes, dont les tribus nomades sont trop abondamment pourvues, produit de grands ravages parmi ces animaux et l'espèce ira décroissant. Mais, aux âges antiques, elle devait exister à l'état de véritables hordes.

Les artisans de Moussian avaient donc constamment leur modèle sous les yeux. La prédilection dont ils témoignent pour la représentation de la gazelle et de l'œgagre décèle une race de chasseurs. C'est là une présomption de plus en faveur de la haute antiquité de ces peuplades.

Le style dans lequel sont traités ces sujets est soumis aux mêmes fluctuations, à la même décadence que nous venons de signaler pour le motif précédent. L'observation se montre tout d'abord exacte, le modèle est heureusement rendu. Témoin la tête reproduite à la figure 207. Il s'agit ici, croyons-nous, d'une biche, femelle du grand cerf *mahral,* qui vit encore, bien qu'assez rare, dans les forêts du Pouchté Kouh, du Louristan, et sur les pics, couverts d'une végétation luxuriante, qui surplombent le littoral sud-ouest de la Caspienne. Ce cervidé est de grande taille; c'est un gibier royal. Dans les jardins du Roi, à Téhéran, on voit plusieurs de ces beaux animaux qui, après naturalisation, figurent sur des socles pour témoigner des prouesses cynégétiques du souverain. Dans les dolmens du Ghilan nous avons exhumé une figurine de bronze qui représente un de ces cerfs. Il n'est pas étonnant que nous en retrouvions le dessin sur une de nos poteries de Moussian, région où cette espèce subsiste encore et où elle devait être, jadis, assez répandue.

FIG. 207. — Tépé Moussian. Fragment de la panse d'un grand vase, poterie jaune clair, décor noir, grandeur naturelle.

Quant à la gazelle, l'antique artisan n'était pas moins habile à en fixer les lignes. Les figures 208 et 209 en font foi, malgré l'imperfection de certains détails, notamment la raideur et la grossièreté des pattes. Mais à la figure 210 les défauts s'accentuent : la tête est fort mal représentée, le corps, informe, se termine par un prolongement en guise de queue. Cette insouciance dans l'exécution ne fera que s'aggraver. Dans le spécimen reproduit à la figure 211, si la tête est assez bien rendue, le corps et la queue sont défectueux ; un trait horizontal relie les pattes. A la figure 212 ce sont les proportions qu'il faut blâmer. On ne doit pas incriminer le manque d'habileté, mais bien la négligence du décorateur.

Il est à remarquer que les motifs peints sur la poterie fine sont généralement d'une obser-

FIG. 208. FIG. 209. FIG. 210.

FIG. 208. Mourad-Abad. Poterie verdâtre, décor noir, gr. nat. — FIG. 209. Tépé Moussian. Poterie verdâtre, décor noir, gr. nat. FIG. 210. Id. Fragment de petite jatte, poterie fine, jaune clair, décor noir, grandeur naturelle.

vation beaucoup plus sincère et d'une exécution bien mieux rendue que ceux qui figurent sur la poterie épaisse. Les premiers ornemanistes se bornaient à un seul sujet, mais ils y appliquaient tous leurs soins. Avec la diversité dans l'ornementation apparait le laisser-aller dans le détail.

FIG. 211.   FIG. 212.

FIG. 211. Tépé Moussian. Poterie fine, jaune clair, décor noir, grandeur naturelle.
FIG. 212. Mourad-Abad. Décoration intérieure d'une jatte, poterie verdâtre, décor noir, grandeur naturelle.

L'échantillon représenté à la figure 213 est riche par la variété des motifs ; par contre, les ani-

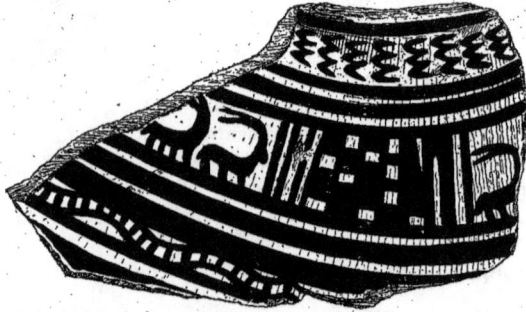

FIG. 213. — Tépé Moussian. Fragment de grand vase, poterie jaune clair, décor noir,
grandeur naturelle.

maux y sont fort maltraités ; le peintre n'a parcimonieusement attribué que trois pattes à l'un de ses sujets. Les cornes sont fort mal figurées et pour l'une des gazelles, la tête n'est même pas dessinée. C'est là l'effet d'une inattention et non d'une insuffisance de savoir faire, puisque les autres animaux ne présentent pas ce même défaut.

Cette négligence dénote une hâte et une incurie extrêmes dans l'exécution. Pourvu que l'effet général du décor soit plaisant à la vue, les détails sont sacrifiés. C'est le cas dans un beau fragment de grand vase (fig. 214) sur lequel les dessins géométriques, accumulés à profusion, rivalisent de diversité. Ils sont exécutés avec un soin évident et concordent à produire un ensemble remarquable. Veut-on se livrer à un examen détaillé, on observera que, dans la zone de gazelles qui court sur la panse, plusieurs des animaux ne possèdent que trois pattes.

FIG. 214. — Tépé Moussian. Fragment d'un grand vase, poterie jaune, décor noir, 2/3 grandeur naturelle.

FIG. 215. FIG. 216. FIG. 217.

FIG. 215. Tépé Moussian. Poterie jaune, décor noir, gr. nat. — FIG. 216. Mourad-Abad. Poterie fine, jaune, décor noir, gr. nat.
FIG. 217. Tépé Moussian. Poterie jaune clair, décor noir, grandeur naturelle.

9

La négligence de l'ornemaniste a pour effet d'amener peu à peu une dégénérescence qui

Fig. 218.   Fig. 219.

Fig. 218. Tépé Moussian. Poterie jaune clair, décor noir, gr. nat. — Fig. 219. Id. Décoration intérieure d'une jatte, poterie jaune, décor noir, grandeur naturelle.

Fig. 220. — Khazinèh. Fragment de grand vase, poterie épaisse, jaune clair, décor noir, 9/10 grandeur naturelle.

finit par rendre le dessin inintelligible. Nous avons déjà constaté cette marche décadente lorsqu'il s'est agi de la figuration du mouflon ou du bélier. Nous l'observerons encore dans la représentation des oiseaux et enfin, d'une façon curieusement caractéristique, dans les figurations humaines. Une étude comparée de la déformation des motifs dans la céramique grecque aboutirait, croyons-nous, aux mêmes conclusions ; les rapprochements seraient du plus grand intérêt pour déterminer l'origine et l'évolution d'un certain nombre de motifs dont l'interprétation est encore indécise. Mais le sujet est trop étendu pour trouver ici sa place et nous ne pouvons que le signaler à l'attention des spécialistes.

Dans le cas qui nous occupe, les déformations portent principalement sur le corps et sur les cornes. Au début, les bois de la gazelle sont à peu près proportionnés à la taille du sujet, le corps est assez bien figuré et la queue s'en détache d'une façon distincte.

Bientôt nous voyons (fig. 215 à 217) le corps et la queue tracés d'un seul coup de pinceau, ce qui a pour résultat de produire un allongement démesuré, tandis que les cornes prennent un développement hors de toute proportion.

En 218 nous avons une aggravation de ces défauts; la queue devient une barre horizontale tandis que les hanches affectent la forme d'un renflement disgracieux.

A la figure 219 ce n'est plus qu'un simple petit trait qui représente la tête; le corps est

FIG. 221.   FIG. 222.   FIG. 223.

FIG. 221. Tépé Moussian. Poterie jaune, décor noir, grandeur naturelle. — FIG. 222. Id. Poterie fine, jaune, décor noir, grandeur naturelle. FIG. 223. Id. Poterie jaune clair, décor brun rouge, grandeur naturelle.

tracé au moyen d'une longue ligne courbe, renflée à la hauteur de la croupe; la queue vient grossièrement s'adapter soit à cette protubérance, soit même sur les pattes; les cornes, recourbées, s'étendent sur toute la longueur du sujet, qui est bas sur jambes et d'une allure absolument disgracieuse.

Nous constaterons, de suite, à quel résultat peuvent conduire des procédés aussi peu sincères.

La figure 220 nous en montre un exemple concluant.

Il faut savoir que l'ornemaniste a prétendu représenter des gazelles pour pouvoir discerner le sujet. Plus de tête, des cornes démesurées, figurées par deux traits divergents; en guise de corps une courbe terminée par une véritable bosse.

Nous retrouverons cette figuration, avec tous ses défauts, sur un certain nombre de grands vases qui ne proviennent pas des sépultures, mais qui sont, assurément, contemporains de l'époque des nécropoles. C'est la dernière étape du motif primitif avant qu'il n'arrive à la schématisation absolue.

Les figures 221 à 223 nous font clairement assister au développement anormal que peuvent

FIG. 224.   FIG. 225.

FIG. 224. Tépé Moussian. Décoration intérieure d'une jatte, poterie jaune clair, décor noir, grandeur naturelle.
FIG. 225. Id. Poterie jaune, décor brun clair, grandeur naturelle.

prendre les cornes, en même temps que nous assistons à la déformation du corps ; de plus en

FIG. 226.   FIG. 227.

FIG. 226. Tépé Moussian. Poterie jaune, décor noir, grandeur naturelle. — FIG. 227. Id. Décoration intérieure d'une grande jatte,
poterie jaune clair, décor noir, grandeur naturelle.

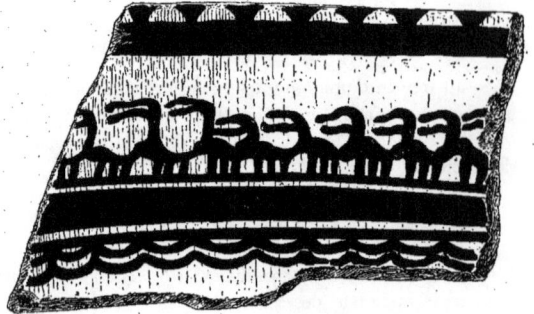

plus les pattes tendent à se réduire au nombre de trois ; c'est une règle qui sera constante dans
les spécimens reproduits à la présente page.

Afin d'éviter des redites nous n'en ferons pas la description. Il suffit au lecteur de se reporter aux figures 224 et 225 pour se rendre compte de la marche des déformations.

Enfin les échantillons reproduits aux figures 226 et 227 nous font voir la schématisation complète. Le décorateur, dans le dernier fragment figuré, semble avoir totalement perdu l'intelligence du motif qu'il fixe sur l'argile.

Chèvre sauvage. — L'œgagre se rencontre encore de nos jours assez fréquemment sur les hauts sommets du Pouchté Kouh, dans les montagnes bordières du Golfe Persique et dans les massifs des Bakhtyaris. On peut dire, d'une façon générale, qu'il est répandu dans toute la zone Sud et que son habitat s'arrête aux environs d'Ispahan. De tout temps cet animal a été figuré ; nous en trouvons des représentations fort réussies sur les cachets et les sceaux les plus archaïques.

Fig. 228. — Tépé Moussian. Poterie jaune clair, décor noir, gr. nat.

Les figurations que nous fournit la céramique de Moussian sont moins nombreuses pour cet animal que pour les autres herbivores. On y reconnaît cependant fort bien l'œgagre à ses grandes cornes annelées (fig. 228) et à son cou plus long que celui de la gazelle.

La chèvre sauvage est ici piétée sur ses pattes de devant, attitude familière qui est d'une observation bien rendue.

Nous avons également, dans cette série, des exemples manifestes de la façon dont un motif se déforme. Déjà la figure 229 nous présente un dessin modifié qui s'écarte sensiblement de la nature. Le sujet y est, cependant, très reconnaissable grâce aux lignes générales et aux annelures des cornes, encore que ces dernières soient tracées d'une manière conventionnelle. Mais le dédain du naturel, la hâte, la négligence dans l'exécution du dessin ne tarderont pas à produire des altérations de plus en plus marquées, fâcheuse évolution qui prévaut dans tous les motifs, sauf dans le décor géométrique. Cette observation étant géné-

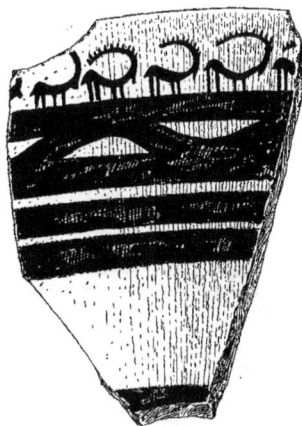

Fig. 229. — Khazinèh. Fragment de jatte, poterie fine rougeâtre, décor noir, 9/10 grandeur naturelle.

rale, on pourrait en conclure que la poterie, rare aux débuts, était alors l'objet d'une main-d'œuvre soignée.

Lorsque l'usage en devint plus répandu, l'artisan fut forcé de négliger et la matière même et le décor, pour pouvoir satisfaire rapidement aux besoins de la consommation. De là suivrait qu'une facture négligée indiquerait des périodes moins antiques.

Les spécimens 230 à 232 peuvent illustrer cette décadence de l'ornementation. Dans les deux premiers la forme est encore conservée, elle tend à se schématiser dans le troisième.

 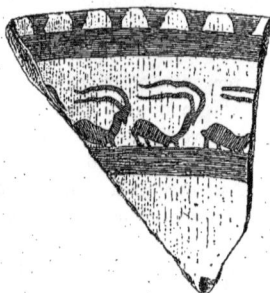 

FIG. 230.   FIG. 231.   FIG. 232.

FIG. 230. Tépé Moussian. Poterie jaune, décor noir, gr. nat. — FIG. 231. Id. Décoration intérieure d'une jatte, poterie jaune clair, décor brun rouge, 2/3 gr. nat. — FIG. 232. Id. Poterie jaune, décor rouge foncé, gr. nat.

Nous avons en 233 une curieuse tentative ; le décorateur a voulu figurer des chèvres sauvages en fuite. Si le mouvement est suffisamment indiqué, l'exécution pêche par le détail ; les

FIG. 233.   FIG. 234.   FIG. 235.

FIG. 233. Tépé Moussian. Poterie fine, jaune pâle, décor noir, gr. nat. — FIG. 234. Id. Poterie fine, vert clair, décor noir, gr. nat. FIG. 235. Id. Fragment de petite coupe, poterie jaune clair, décor brun, grandeur naturelle.

pattes sont imparfaitement indiquées et le museau s'amincit en une pointe que rien ne rappelle dans la nature. A la figure 234 les trois pattes que nous avons signalées plus haut sont devenues motifs à quadrillé, les corps ont disparu pour faire place à une ligne brisée ininterrompue ; seules les cornes annelées subsistent. Enfin à la figure 235 ces mêmes cornes forment une courbe fermée reposant sur un rectangle, coupée par une médiane, qui s'est substitué aux trois pattes primitives.

Sans être averti il serait malaisé d'interpréter ce motif comme la figuration schématique de l'œgagre dont il est dérivé.

CARNASSIERS. — Sous cette dénomination un peu vague nous classons les spécimens reproduits aux figures 236 et 237 ; ils sont trop peu nombreux et surtout trop incomplets pour qu'une attribution plus précise puisse être proposée. Le lion, le léopard, le lynx, le loup, le renard, le

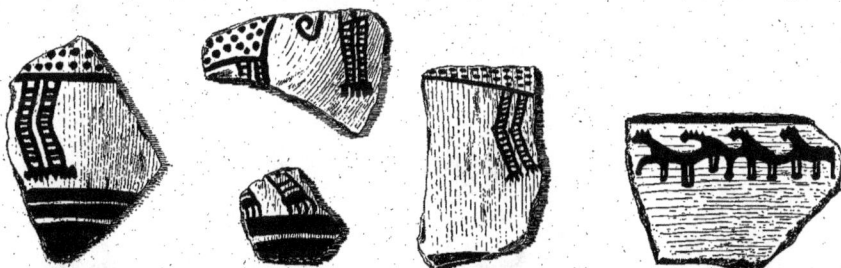

FIG. 236.   FIG. 237.

FIG. 236. Tépé Moussian. Fragments de poterie fine rougeâtre, jaune pâle ou vert clair, à décors noirs ou bruns, 1/2 grandeur naturelle.
FIG. 237. Khazineh. Poterie fine, vert clair, décor noir, grandeur naturelle.

chacal vivent dans les montagnes, la brousse et les fourrés marécageux du Pouchté Kouh. Quels sont, parmi ces animaux, ceux que l'ornemaniste a voulu représenter ? On peut penser qu'il s'agit de carnassiers, en raison des griffes qui arment les pattes, mais là s'arrêtent les indices. Il est permis de supposer que ces figurations étaient disposées par zones ; nous avons, en effet, deux animaux qui se suivent dans l'échantillon du milieu, et le dernier spécimen nous offre une théorie de fauves dont la crinière est assez bien marquée. Ce sont les seules indications que fournissent ces dessins rudimentaires.

FIG. 238. — Tépé Aly-Abad. Petite jatte en terre noire, 1/2 grandeur naturelle.

Nous citerons ici une petite jatte (fig. 238) en terre noire provenant des sépultures de Tépé Aly-Abad. Elle porte, comme bouton d'anse ou comme motif d'ornementation, une tête de renard ou de chacal. Cet objet, étant unique, nous paraît plutôt trouver place ici que dans la description, que nous donnons plus loin, des mobiliers funéraires, description que nous ramenons, d'ailleurs, à des types généraux.

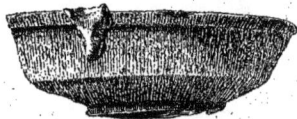

OISEAUX. — C'est là un motif de décoration que l'on rencontre avec la plus grande fréquence dans le tell de Suse, aux niveaux profonds (de 15 à 25 mètres) et presque exclusivement sur la

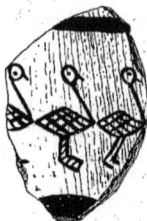

FIG. 239.   FIG. 240.   FIG. 241.   FIG. 242.

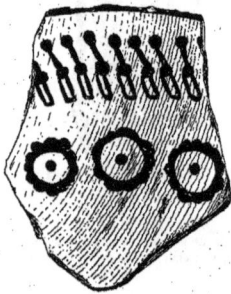

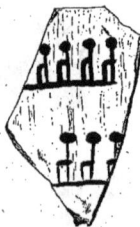

FIG. 243.   FIG. 244.   FIG. 245.   FIG. 246.

FIG. 247.   FIG. 248.   FIG. 249.

FIG. 239. Tépé Moussian. Poterie fine, verdâtre, décor noir, gr. nat. — FIG. 240. Id. Poterie fine, jaune foncé, décor noir, gr. nat. — FIG. 241. Id. Poterie fine, jaune, décor rouge foncé, gr. nat. — FIG. 242. Id. Poterie jaune clair, décor noir, gr. nat. — FIG. 243. Khazinèh. Décoration intérieure d'une grande jatte, poterie jaune, décor brun foncé, gr. nat. — FIG. 244 et 245. Tépé Moussian. Poteries fines, jaune clair, décor noir, gr. nat. — FIG. 246. Id. Poterie jaune clair, décor noir, gr. nat. — FIG. 247. Id. Poterie jaune clair, décor noir, gr. nat. — FIG. 248. Id. Décoration intérieure d'une jatte, poterie jaune, décor brun clair, gr. nat. — FIG. 249. Id. Poterie fine, jaune, décor noir, grandeur naturelle.

poterie fine. A Tépé Moussian, comme à Suse, les types les plus communs sont choisis parmi les échassiers et les palmipèdes. D'après la longueur du cou, le sujet de la figure 239 est un échassier ; les plumes des ailes sont représentées au moyen de bandes parallèles coupées de petits traits. Un procédé à peu près semblable se retrouve à la figure 240 où le corps se présente sous la forme d'un losange orné d'un quadrillé ; tantôt les pattes sont bien nettement séparées, tantôt elles sont reliées par une série de traits transversaux. L'interprétation est, ici, plus difficile. Est-ce à dessein que la tête est arrondie, est-ce conventionnellement qu'elle est représentée par un cercle? Cette dernière supposition nous semble devoir être confirmée par les représentations schématiques qui s'offrent plus loin. On peut objecter, toutefois, que les ornemanistes n'étaient point embarrassés pour reproduire exactement la nature, quand ils prenaient ce souci. A la figure 241 nous voyons, en effet, des échassiers à tête aplatie, avec un bec assez développé. Le spécimen suivant (fig. 242) nous donne la figuration

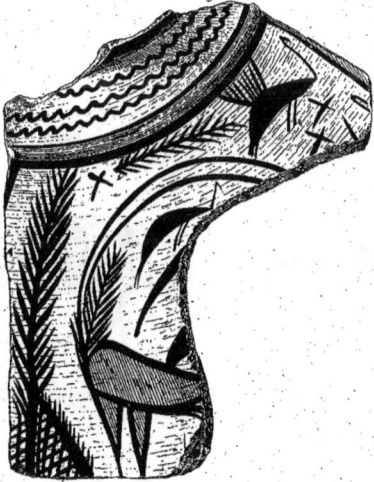

FIG. 250.   FIG. 251.

FIG. 250 et 251. Khazinéh. Fragments de grands vases, poterie jaune clair, décor rouge et noir, 1/2 grandeur naturelle.

très nette de l'oie sauvage dont les bandes sont si nombreuses en Susiane durant les mois d'hivernage. L'attitude est, du reste, fort bien observée.

Quant à la schématisation, nous en suivons la marche aux figures 243, 244, et 245, jusqu'à ce que nous soyons en présence du motif informe (fig. 246) qui n'a plus rien de commun, en apparence, avec le sujet traité à la figure 242. Même procédé pour les palmipèdes. Les canards de la figure 247 sont, pour ainsi dire, montés sur une sorte de pied ; les oies de la figure 248 sont représentées avec leurs deux pattes ; une disposition mixte aboutit aux motifs de la figure 249 qui rappellent si étrangement les cartouches hiéroglyphiques de l'Égypte.

Les poteries de faibles dimensions nous présentent toujours la figuration de l'oiseau associée au décor géométrique. Sur les grands vases, au contraire, les volatiles sont souvent représentés en compagnie de motifs appartenant, d'une part, au géométrique, et empruntés, d'autre part, aux règnes animal et végétal. A côté de bandes et d'ondulations, nous voyons des échassiers accompagnant une gazelle et entourés de tiges de palmier ou de roseaux. Il faut noter que les pennes des ailes sont figurées par de simples traits de couleur, légèrement tracés. Le même procédé conventionnel, pratiqué cette fois par incisions, s'observe sur les belles poteries chaldéennes, récemment découvertes à Tello et si savamment décrites par M. Heuzey.

INSECTES. — Les représentations d'insectes sont excessivement rares ; nous n'en avons que deux exemples parmi les décorations de la poterie de Moussian, et la céramique de Suse ne nous en a pas encore fourni un seul spécimen.

Bien que le dessin de la figure 252 soit fort rudimentaire, nous pensons qu'il n'y a pas de doute sur l'identification et que c'est bien la fourmi que le peintre a voulu représenter. Le thorax

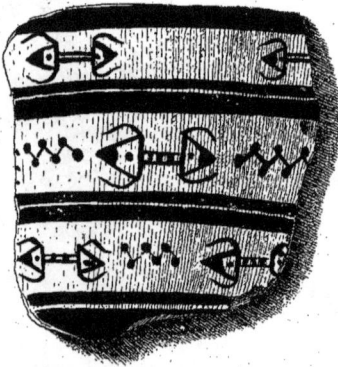

FIG. 252. — Tépé Moussian. Fragment de jatte, poterie fine, jaune clair, décor noir, 3/4 gr. nat.

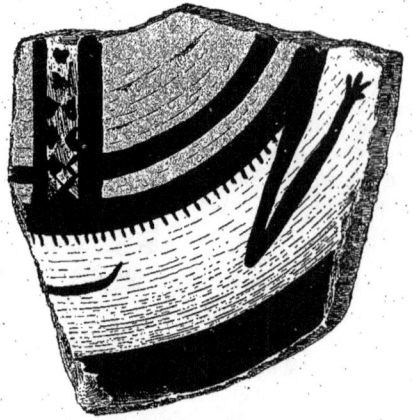

FIG. 253. — Khazinèh. Décoration intérieure d'un plat, poterie épaisse, jaune clair, décor noir, grandeur naturelle.

est figuré par un triangle auquel se rattache une paire de pattes ; l'abdomen est représenté par une série d'anneaux que termine un autre triangle également muni d'une paire de pattes.

Ce dessin schématique donne assez exactement l'idée des grosses fourmis, les *soldats* qui sillonnent en légions innombrables le sol de la Susiane, aux alentours des fourmilières, tandis que les *ouvriers* se livrent à leurs travaux. Moins aisé à interpréter est le motif qui décore l'intérieur d'un plat épais trouvé à Tépé Khazinèh (fig. 253). Tout d'abord nous ne possédons qu'un frag-

ment trop insuffisant pour pouvoir déterminer l'ensemble de manière précise. Puis la singulière façon dont une patte est représentée, contribue à éveiller le doute. Nous croyons, cependant,
qu'il s'agit d'un gros scarabée, le bouvier sacré, très répandu dans tout le pays ; mais, pour se
prononcer avec certitude il faudrait posséder la partie de cette poterie où la tête était peinte. Les
deux élytres sont, toutefois, assez marquées pour que l'on puisse voir dans ce motif la représentation d'un coléoptère.

FIGURATIONS HUMAINES. — Ce sont, sans contredit, les motifs les plus curieux de toute cette
série, non seulement par l'exactitude et l'habileté avec lesquelles ils sont, tout d'abord, exécutés,
mais aussi par les étranges déformations qu'ils subis-
sent jusqu'à devenir un schéma de pure convention.
Nous les suivrons dans leurs métamorphoses bizarres,
sans trop nous y appesantir. Ce sujet, à lui seul, exi-
gerait un développement qui ne trouverait pas ici sa
place. Il importe, tout au moins, de noter des indications
qui ne seront pas sans utilité pour aider à tracer l'origine
de certaines figurations énigmatiques que l'on observe
avec fréquence, notamment dans la céramique grecque
primitive.

Lorsque l'on considère les figurines reproduites à
la figure 254 on ne peut s'empêcher de songer aux représentations de même nature qui ont été relevées sur les
vases peints du préhistorique égyptien (1). Le corps
humain est, dans les deux cas, traité selon le même

FIG. 254. — Khazinèh. Fragment de coupe, poterie fine,
pâte verdâtre, décor noir, grandeur naturelle.

style : la tête se dégage bien du torse, la taille est soi-
gneusement marquée avec tendance à exagérer parfois le renflement des hanches, le dessin des
membres apparaît net autant que léger, le mouvement est souple et l'attitude aisée. Les proportions sont plus heureuses sur la petite coupe de Khazinèh que sur la céramique d'Abydos. Si l'on
constate, d'une part, que le cou est trop long dans nos figurations humaines, on leur trouvera,
par contre, des qualités de gracilité et de naturel qui les rendent supérieures à leurs analogues
d'Égypte. Il faut noter également que les représentations humaines de ce pays se limitent généralement à un nombre de trois personnages, tandis que nous avons ici une véritable théorie. Elle
s'enroule près du bord de la coupe au-dessus d'une série de figurations solaires caractérisées par
des disques d'où jaillissent huit faisceaux de rayons, c'est le motif qui deviendra plus tard le soleil
sculpté sur tant de monuments. Dans la ronde de ces petits personnages qui, les bras ployés,
entrelacent leurs mains, à hauteur de l'épaule, et dans les décors symboliques dont ils sont

(1) Voir pl. X, fig. 2 a et b des *Recherches sur les origines de l'Égypte, L'âge de la pierre et les métaux*, J. de
Morgan.

accompagnés, faut-il voir, de la part de l'artiste, l'intention de reproduire une scène religieuse ? Cette supposition semble plausible. Si elle est justifiée, elle ferait remonter le culte du soleil à une haute antiquité, car ce fragment de coupe date assurément de l'époque de la pierre polie. Il a été trouvé, comme nous l'avons dit, à Tépé Khazinèh en même temps que la hache en calcaire rose figurée plus haut, page 86.

Dans la poterie préhistorique égyptienne, nous voyons les figures humaines représentées avec les bras dressés au-dessus de la tête, les mains retombantes. Le motif reproduit à la figure 255 offre une disposition à peu près semblable, avec cette différence que les bras entre-croisés se prolongent en haut, comme si les personnages tenaient des rameaux. C'est une variante du motif précédent ; il est fâcheux que ce petit fragment soit incomplet, car il marque une étape intéressante et nous donne l'explication des motifs suivants qui, sans cette transition, demeureraient

Fig. 255.   Fig. 256.   Fig. 257.

Fig. 255. Khazinèh. Poterie fine, vert clair, décor noir, gr. nat. — Fig. 256. Tépé Moussian. Poterie fine, jaune, décor noir, gr. nat. Fig. 257. Id. Poterie fine, verdâtre, décor noir, grandeur naturelle.

inintelligibles. En 255 le corps humain, malgré le développement des bras, est encore reconnaissable à la forme du torse et du bassin ; en 256 les bras sont démesurés, entre-croisés et tordus ; le corps a disparu, remplacé par un rectangle quadrillé. La tête subsiste à la figure 257, mais les bras, prolongés par des rameaux (?), ont pris une extension énorme tandis que le rectangle, substitué au corps, tend à se réduire.

Nous ne retrouvons plus apparence humaine à la figure 258. En guise de corps, le rectangle quadrillé a pris plus d'importance, les bras, moins longs, affectent la forme d'une lyre ; à la place de la tête s'érige une sorte de cône.

En 259 la tête se voit peut-être un peu mieux, les bras ont diminué, mais le rectangle, barré de petits traits horizontaux, s'est démesurément allongé.

Enfin la figure 260 nous montre un motif semblable, quant à la longueur et à l'ornementation du rectangle, mais les bras, réduits à l'état rudimentaire, ne sont plus que des courbes tangentes entre elles et presque entièrement remplies par le développement qu'a pris la tête. Loin de pouvoir discerner dans cet échantillon des figurations humaines, on serait tenté d'y voir des représentations d'insectes, plus spécialement de scolopendres.

  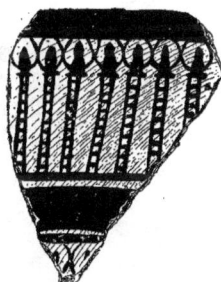

FIG. 258.   FIG. 259.   FIG. 260.

FIG. 258 Tépé Moussian. Poterie jaune, décor noir, grandeur naturelle. — FIG. 259. Id. Poterie fine, jaune pâle, décor noir, grandeur naturelle. FIG. 260. Fragment de coupe, poterie fine, rougeâtre, décor noir, grandeur naturelle.

Ce ne sont peut-être pas les seuls exemples que nous possédions des déformations que l'abus du schéma peut infliger à la figure humaine. Dans nos fouilles à Tépé Moussian, nous avions souvent rencontré des fragments de grandes ou de petites poteries dont le motif bizarre demeurait pour nous à l'état de problème. Certains vases de fortes dimensions, à pâte grossière, rouge et épaisse, portaient, peintes en rouge plus foncé ou en noir, des silhouettes formées des éléments suivants : deux triangles très allongés se rencontrant par la pointe ; la base du triangle supérieur était surmontée de un, deux, et rarement trois petits traits ; à chaque angle de cette base se rattachait une sorte de patte, ployée, terminée par trois doigts ; de même aux deux angles de la base du triangle inférieur s'ajustait une patte également ployée, terminée tantôt par trois doigts, tantôt par un trait à peu près perpendiculaire. L'ensemble de cette singulière figure ressemblait assez, sous le rapport de la forme et de l'attitude, à une grenouille dont l'artisan eût omis de dessiner la tête. Nous opinions donc pour la figuration rudimentaire d'un batracien et ce motif se répétait si fréquemment que nous n'étions pas éloignés d'y voir un *totem* usité parmi les peuplades de la région de Moussian.

Au point D de notre plan (fig. 95, page 63) et au niveau des haches en pierre polie, ces figurations devinrent si nombreuses et si variées, sur tant de poteries différentes, épaisses, fines, rougeâtres ou jaune clair que, jointes aux fragments déjà recueillis en divers points et particulièrement à Tépé Khazineh, elles nous fournirent des termes de comparaison en abondance. Notre étude de ce singulier motif fut alors grandement facilitée.

Nous sommes, croyons-nous, en présence d'une figuration humaine déformée et complètement déviée du sujet original. En examinant les figures reproduites ci-dessous, il sera possible de suivre la marche de cette dégénérescence.

Si l'on se reporte à la ronde humaine de la figure 254 et que l'on y compare le motif de la figure 261, on reconnaîtra, dans ce dernier, une série de bustes schématiques avec

les deux bras ployés, les mains à la hauteur des épaules ; c'est l'attitude observée à la figure précitée. Mais ici, la tête et la partie inférieure du corps ont complètement disparu ; les bustes sont étagés l'un sur l'autre en une rangée horizontale. L'ornemaniste a disposé sur la pâte un motif qui, pour lui, était de pure fantaisie, car depuis longtemps, sans doute, la compréhension de la figuration première s'était effacée dans l'esprit des décorateurs, comme c'est, sans doute aussi, le cas sur les nombreux échantillons que nous avions recueillis et dont il vient d'être parlé.

FIG. 261. — Tépé Moussian. Poterie fine, jaune clair, décor noir, 2/3 gr. nat.

Nous avons choisi, dans la quantité, les spécimens les plus caractéristiques qui nous offrent des variantes. Tels sont ceux que reproduisent les figures 262 et 263.

Dans le premier ce sont trois traits qui occupent la place de la tête ; le triangle du torse se dédouble, les bustes s'étagent perpendiculairement ; les disques solaires de la figure 254 sont

FIG. 262.   FIG. 263.

FIG. 262. Khazinèh. Fragment d'écuelle, poterie fine, jaune clair, décor noir, grandeur naturelle.
FIG. 263. Id. Fragment d'un grand vase cylindrique, poterie épaisse, jaune clair, décor noir, 1/2 grandeur naturelle.

reproduits sous une forme très simplifiée. La tête est représentée par cinq traits à la figure 263 et les bustes, étagés sur une ligne perpendiculaire, se sont décomposés en trois éléments.

Une très jolie et très fine jatte (fig. 264) provenant de Khazinèh nous offre la même disposition avec quatre traits en guise de tête et, pour chacun des torses, trois triangles, de plus en plus espacés.

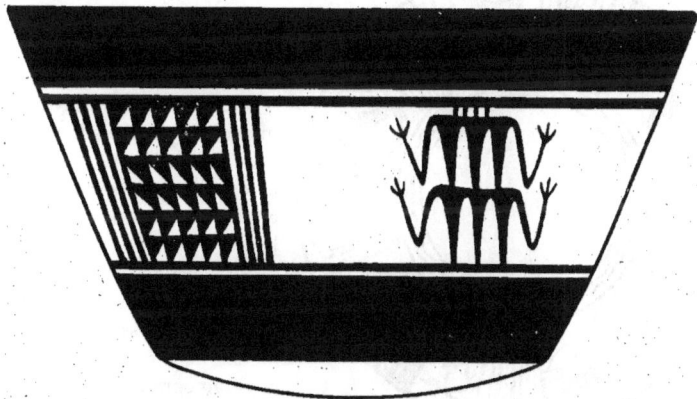

FIG. 264. — Jatte en poterie fine, jaune clair, grandeur naturelle.

Il nous serait facile de multiplier les exemples, mais ce serait tomber dans les redites, car le motif, arrivé à cette période de déformation, se répète sous un aspect à peu près invariable; on ne peut trouver, d'un dessin à l'autre, que des différences d'exécution sans intérêt. Est-ce à dire pour cela que l'évolution est achevée ? Non point, car il nous reste à montrer comment (fig. 265) elle est parvenue à sa formule la plus simple en même temps que la plus éloignée du point de départ. Dans le dernier échantillon que nous reproduisons, n'apparaît plus qu'une ligne horizontale de dentelures surmontée de cinq traits assez prononcés d'où retombe une ligne courbe.

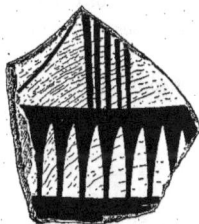

FIG. 265. — Khazinèh. Poterie fine, jaune clair, décor noir, gr. nat.

Nous avons longtemps hésité à assimiler ces figurations à des représentations humaines tant l'écart est grand entre le sujet traité au naturel et les conceptions fantaisistes que nous venons de passer en revue. Encore ne posons-nous pas ici une conclusion positive; nous indiquons une vraisemblance sur laquelle nous appelons l'attention des critiques. Il convient de leur signaler (fig. 266) un sujet identique par l'exécution (voir spécialement la façon dont la main est représentée) peint dans une métope sur l'épaule d'un grand vase qui provient de la nécropole de Tépé Aly-Abad. Ici le doute n'est pas possible ; c'est bien de figurations humaines qu'il s'agit, et la comparaison semble, de prime abord, probante. Mais comment expliquer qu'un motif déjà très dégénéré — et même en certains cas devenu méconnaissable —, aux divers âges de la pierre polie, se retrouve intact dans une sépulture où nous rencontrons le bronze ? L'objection est sérieuse ; il nous paraît difficile d'y répondre tant que d'autres découvertes ne seront pas venues jeter quelque lumière sur ces très curieuses figurations.

CÉRAMIQUE DES SÉPULTURES. — La céramique des mobiliers funéraires se divise en deux catégories : les vases sans peintures ni décors d'aucune sorte et les vases peints ; ces derniers sont de beaucoup les plus nombreux.

Le manque de termes appropriés, pour la description des formes, ne laisse pas que d'être embarrassant. Faute d'autres définitions nous pourrions recourir à celles de la céramographie grecque ; mais n'est-ce pas une anomalie que d'employer ces expressions dans l'étude d'une céramique que nous considérons comme bien antérieure aux produits les plus anciens des potiers hellènes ? Nous éviterons donc autant que possible l'emploi de ces termes ; au surplus, les formes des vases sont peu variées et peuvent se ramener à quelques types généraux.

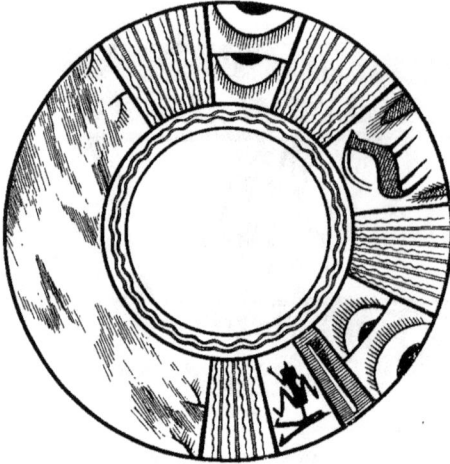

FIG. 266. — Tépé Aly-Abad. Grand vase provenant d'une sépulture. Poterie jaune, décor rouge et noir, 1/4 grandeur naturelle.

Les poteries sans décor consistent en grands et en petits vases ; ceux-ci sont peu fréquents dans les sépultures, bien que l'usage en fût très répandu parmi les vivants, à en juger par la quantité de casseaux mise au jour par nos tranchées dans le site de Tépé Moussian.

Il semblerait donc que, pour honorer les morts, on prît soin de déposer dans les tombes des poteries de quelque valeur par leurs dimensions ou leur décoration.

Nous donnons ici (fig. 267 à 273) la série des formes sous lesquelles les petits vases se présentent le plus communément.

Un seul de ces objets (n° 270) a été exhumé à Tépé Moussian ; il ne provient donc pas d'une nécropole, mais nous devons le reproduire ici parce que nous avons souvent trouvé, dans les tombes, des fragments de ce genre de vase ; sa fragilité l'exposait fatalement à être détruit, par les éboulements, dans les sépultures. C'est évidemment un vase à boire ; la forme est celle d'un calice monté sur un pédoncule ; les parois sont très minces. Le petit gobelet rouge décoré de deux filets noirs avait la même destination. Il n'y a rien à dire des autres poteries dont les formes sont communes à toutes les époques.

Les grands vases sans peintures affectent presque tous la forme du n° 277, on en trouve généralement deux exemplaires dans chaque tombe. Nous n'avons pu rapporter un certain type qui était toujours trop fragmenté pour qu'il fût possible de le reconstituer en son ensemble. Très

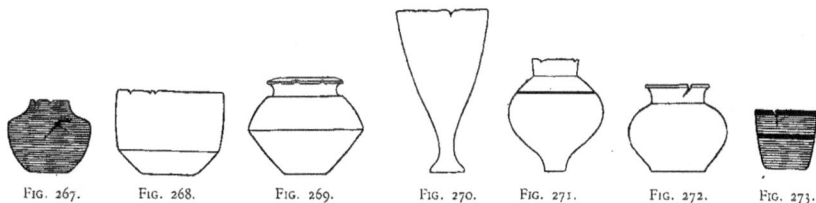

Fig. 267.   Fig. 268.   Fig. 269.   Fig. 270.   Fig. 271.   Fig. 272.   Fig. 273.

Fig. 267. Khazinèh. Poterie rouge grossière, 1/4 gr. nat. — Fig. 268. Tépé Aly-Abad. Poterie fine, jaune clair, 1/4 gr. nat. — Fig. 269. Khazinèh. Poterie fine, jaune clair, 1/4 gr. nat. — Fig. 270. Tépé Moussian. Poterie fine, jaune clair, 1/4 gr. nat. — Fig. 271. Tépé Aly-Abad. Poterie grossière, jaune clair, 1/4 gr. nat. — Fig. 272. Khazinèh. Poterie fine, jaune clair, 1/4 gr. nat. — Fig. 273. Id. Poterie rouge décorée de deux filets noirs, 1/4 gr. nat.

court d'épaule avec des flancs fortement arrondis, il portait un petit bec au-dessous du col. Nous citons 274 pourvu de quatre boutons d'anses, 276 muni d'une oreillette triangulaire et 275

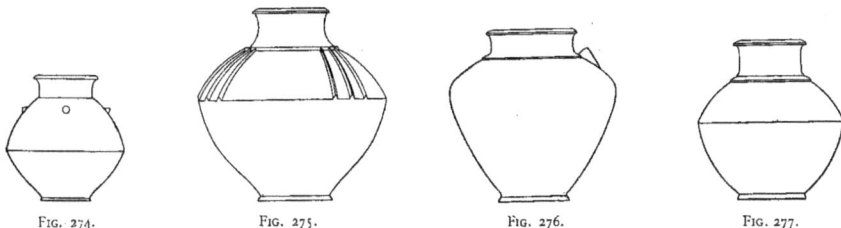

Fig. 274.   Fig. 275.   Fig. 276.   Fig. 277.

Fig. 274 à 277. — Types de grands vases sans peintures, pâte jaune clair, provenant des diverses nécropoles, 1/8 grandeur naturelle.

remarquable par la série de nervures triples qui traverse l'épaule depuis le col jusqu'à la panse.

Nous n'avons pu déterminer à quel usage était réservé un singulier ustensile dont la pré-

Fig. 278.   Fig. 279.   Fig. 280.

Fig. 278-280. — Supports de vases, pâte jaune clair, 1/8 grandeur naturelle.

sence est constante dans chaque mobilier un peu riche. C'est un vase de forme tronc conique ouvert aux deux extrémités (fig. 278 à 280) et percé sur le pourtour d'une série d'ouvertures triangulaires. Ces évents nous avaient fait supposer, tout d'abord, que nous avions sous les yeux une sorte d'appareil de chauffe. Mais il fallut renoncer à cette hypothèse, la surface interne ne portant jamais trace de feu. Par contre, nous avons, dans une sépulture, découvert un de ces objets supportant une grande écuelle ronde en poterie fine ; c'est pourquoi, en l'absence d'indication plus précise, nous avons cru devoir considérer ces poteries comme des supports de vases. Le type 278 ne porte qu'une seule rangée de fenêtres triangulaires, surmontée de trois rainures ; nous voyons en 279 deux séries d'évents alternés ; enfin le support 280 cerné de deux rainures, l'une près de la base inférieure, l'autre à mi-hauteur du fût, n'offre que des ébauches d'ouvertures ; les incisions ne traversent pas la paroi.

Comme poterie non peinte nous signalerons un vase très archaïque façonné à la main (fig. 281). Il est de forme presque quadrangulaire, de pâte grossière et de couleur rougeâtre. Un large bandeau d'où ressortent quatre boutons cylindriques, percés de trous de suspension, fait saillie près de l'orifice. Ce relief est orné de stries pratiquées au moyen d'une pointe ; on pourrait voir, dans ces incisions, la figuration élémentaire d'une feuille de palmier. C'est le seul exemplaire que nous possédions de cette forme et de ce genre. L'épaisseur de ses parois lui a permis de braver, sans trop de dommages, les accidents et l'action du temps.

FIG. 281. — Vase archaïque, fait à
la main, 1/3 gr. nat.

CÉRAMIQUE PEINTE

La forme générale des grandes poteries peintes est celle d'une jarre courte et trapue. La panse est plus ou moins renflée, l'épaule s'attache plus ou moins haut qu'elle soit étroite ou large ; le col est tantôt élancé, tantôt ramassé, avec un orifice de moyenne ou de grande ouverture, mais le modelé peut toujours se ramener à la combinaison de trois figures géométriques. La panse est un tronc de cône renversé, la plus petite base servant d'assiette ; l'épaule est constituée par une section de sphère qui couronne la plus large base du tronc de cône ; le col se compose d'un cylindre ajusté sur la section sphérique. Le potier, travaillant sur son tour, augmente ou diminue, suivant sa fantaisie, la convexité des lignes du tronc de cône ; il développe ou restreint l'importance de la calotte sphérique ; il évase ou rétrécit la partie supérieure du cylindre dont les parois sont droites ou incurvées ; mais le plan de son œuvre demeure toujours restreint à l'emploi de ces trois éléments.

De même, les motifs décoratifs sont remarquables par leur profusion, mais non par leur diversité. Nous en ferons une étude aussi concise que possible, car l'examen des figures renseignera le lecteur mieux et plus promptement que ne pourrait le faire une description détaillée.

Draeger frères, Imp.

Pl. VII. — TYPE DE LA CÉRAMIQUE PEINTE DE MOUSSIAN
hauteur. 0ᵐ46 ; largeur, 0ᵐ41. (Nécropole de Tépé Aly-Abad).

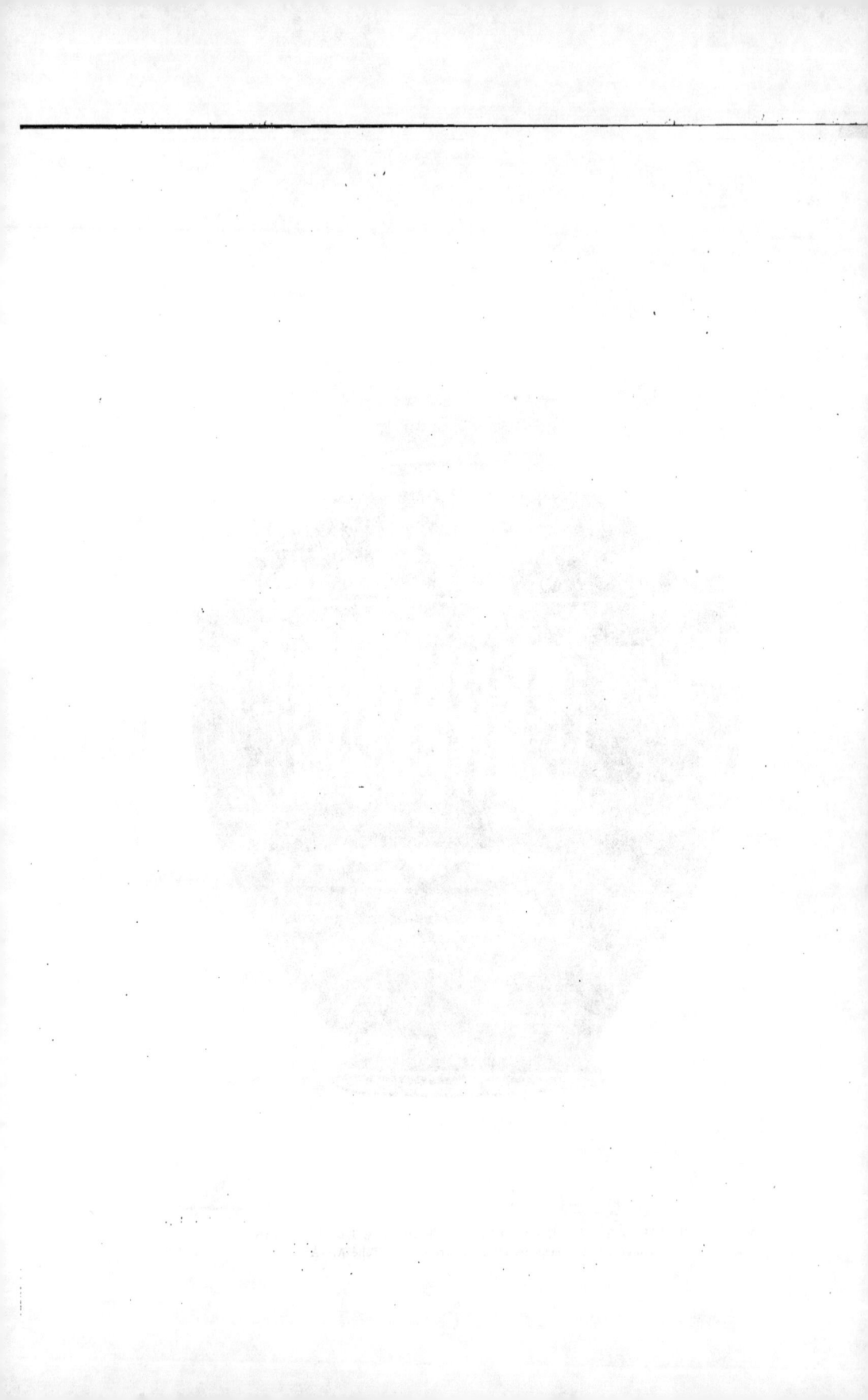

En procédant du simple au composé la figure 282 nous montre un décor purement géométrique.

Toute la partie inférieure de la panse est colorée uniformément en rouge ; un filet noir limite ce champ. Au-dessus le fond naturel de la pâte est sillonné de deux lignes ondulées rouges, entre ce premier filet et un autre beaucoup plus large qui marque la démarcation entre la panse et l'épaule.

Celle-ci est ornée de triangles et de trapèzes, les premiers coupés d'un quadrillé noir et rouge, les seconds traversés de petites bandes parallèles rouges. Puis interviennent deux filets noirs avec double bande ondulée rouge. Le col porte une bande rouge et une série de diagonales noires entre deux filets noirs. Le pourtour de l'orifice est rouge. L'ensemble est sobre et harmonieux.

Fig. 282.   Fig. 283.   Fig. 284.

Fig. 282-284. — Nécropole de Tépé Aly-Abad. Vases à pâte jaune ou rougeâtre, décors rouges et noirs, 1/8 grandeur naturelle.
(Les hachures indiquent le coloris rouge.)

Même disposition, pour commencer, dans le vase reproduit à la figure 283, mais entre les deux filets, serpentent trois lignes ondulées rouges. La décoration de l'épaule consiste en trapèzes portant alternativement un trait vertical noir et une ondulation rouge. Entre chaque trapèze flamboie une représentation solaire composée d'un noyau central noir et d'un demi-cercle d'où jaillissent des rayons noirs également. Ce faisceau est surmonté d'une rangée de petits dés noirs. Un rehaut, ménagé dans la pâte, sépare l'épaule du col, qui est orné de deux lignes ondulées rouges et de barres verticales noires comprises entre deux filets de même couleur. Le bord du col est peint en rouge uniforme.

Ce sont encore des représentations solaires dont se compose principalement le motif décoratif du vase 284.

Toute la panse est du ton naturel de la pâte ; à la base nous voyons une large bande rouge sur laquelle s'appuie une zone de figurations en tout semblables aux précédentes comme dessin et comme couleur. Ces demi-disques, compris entre deux filets noirs horizontaux, sont séparés les uns des autres par deux traits verticaux noirs encadrant une ondulation rouge. La panse est alors coupée, presque à mi-hauteur, par une série de trois lignes ondulées rouges. Une nouvelle rangée de figures solaires apparaît entre deux filets noirs ; mais ici le noyau central est auréolé de deux courbes concentriques, la plus petite rouge, la plus grande noire, d'où s'élancent des irradiations noires. Les séparations verticales sont formées de bandes rouges cernées de noir. Puis s'étagent, en remontant vers l'orifice, trois ondulations rouges, un filet noir, délimitant la panse, et un champ rouge qui couvre la totalité de l'épaule.

Le décor du col consiste en une bande claire, du ton naturel de la pâte, entre deux filets noirs, deux ondulations rouges, une large bande rouge entre deux traits noirs, une bande claire soulignée de deux filets noirs et enfin le cordon rouge de l'orifice. L'effet de cette décoration est très réussi. L'artiste a rendu avec succès le halo qui entoure l'astre du jour à son lever ou à son déclin. Ce dessin sincère, bien que conventionnel, rappelle singulièrement les ocelles de la queue du paon.

Sauf aux pourtours du pied et du col qui sont colorés en un rouge uniforme, toute la surface du vase 285 a conservé, comme fond, la teinte naturelle de la pâte.

En dépit de sa forme ramassée et malgré la profusion des décors, il doit à cette disposition un aspect d'élégance et de clarté. L'agencement des diverses ornementations est le même que pour la poterie précédente avec les différences de détail que nous relevons ci-après. Pour la première rangée de disques solaires les irradiations forment une bande continue ; dans le second registre les deux courbes qui circonscrivent le noyau central sont formées de traits noirs et les cadres de séparation sont partout ornés de six ondulations noires alternant avec cinq bandes rouges. Sur l'épaule, les figurations solaires sont superposées deux à deux, avec un arc de cercle très tendu ; un filet noir les sépare. Nous observons ici, entre deux cônes rouges, la représentation très exacte d'une gazelle passant à droite, le corps est peint en rouge, les pattes sont noires. On ne peut que louer la précision de cette silhouette dont le dessin est souple autant que net, avec un seul défaut : l'attache de la patte gauche de devant est défectueuse. Nous remarquons une oreillette triangulaire qui fait corps avec l'épaule ; elle servait à manier le vase, plutôt pour l'incliner que pour le soulever, car elle n'offre que peu de prise. Plusieurs spécimens portent deux oreillettes identiques, opposées symétriquement.

La forme ovoïde du vase 286 est bien supérieure à celle des poteries précédentes par son harmonieuse élégance. La nervure circulaire qui forme saillie entre l'épaule et la panse interrompt heureusement l'uniformité des lignes. C'est le rouge qui domine dans le décor sur toute la panse où ne sont ménagées que deux bandes claires : l'une étroite et de ton uni, l'autre large et coupée perpendiculairement par une alternance de fuseaux rouges et d'ondulations noires. Un rectangle, encadré de rouge sur ses longs côtés et traversé de deux diagonales noires, rompt la monotonie de ce motif. L'épaule porte, sur le fond clair de la pâte, des représentations animales : gazelles et oiseaux. Les quadrupèdes sont représentés dans la même attitude, avec les mêmes couleurs, les mêmes qualités et les mêmes défauts que précédemment, ils passent à droite ; devant eux se dresse un seul cône rouge. Les oiseaux, aigles ou vautours éployés, sont entièrement peints en rouge, sauf la tête qui est du ton naturel de la pâte, ainsi que les cernures qui soulignent les contours des corps et des ailes. N'est-il pas surprenant de rencontrer à cette époque (1) une figuration d'allure aussi héraldique? Des trapèzes séparent ces motifs ; ils sont traversés par une médiane d'où partent de petites bandes obliques, dirigées de haut en bas et qui viennent s'ajuster, en chevrons, sur d'autres petites bandes, également obliques, mais tracées de bas en haut à l'intérieur de deux cadres. Toute cette ornementation est rouge.

La décoration du col consiste en une zone de petits fleurons noirs, surmontée de quatre bandes alternées, peintes en rouge ou conservant, ainsi que le rebord de l'orifice, la couleur naturelle de la pâte.

Le vase le plus intéressant par l'état de conservation et la fraicheur du coloris est celui que nous reproduisons à la planche VII. Il provient de la nécropole de Tépé Aly-Abad et a été trouvé dans la tombe A décrite aux pages 78 et suivantes. De grandes dimensions, il mesure 0ᵐ,46 de

 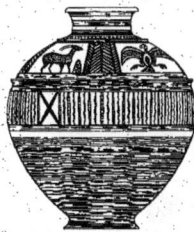

FIG. 285.   FIG. 286.

FIG. 285-286. — Nécropole de Tépé Aly-Abad. Vases à pâte jaune, décors rouges et noirs, 1/8 grandeur naturelle.
(Les hachures indiquent le coloris rouge.)

hauteur sur une largeur maximum de 0ᵐ,41 ; sa forme, comme celle du vase précédent, est ovoïde ; un relief sépare la panse de l'épaule.

Le décor est des plus compliqués. En allant du col à la base nous voyons le rebord couleur naturelle de la pâte, une bande rouge, une bande claire (ton de la pâte) sillonnée d'une ondulation noire ; puis une bande rouge et une bande claire coupée perpendiculairement de traits tantôt rouges, tantôt noirs. L'épaule est ornée de deux bandeaux rouges déterminant trois zones claires dont l'ornementation se compose, pour la supérieure et l'inférieure, de triangles noirs opposés, deux à deux, par la pointe et séparés par des rayures noires ; la zone moyenne a pour décor un croisillé de traits noirs entrecoupé de petits triangles semblables aux précédents. Une figuration végétale, occupant toute la hauteur de l'espace compris entre le col et la panse, coupe ces cinq zones ; elle nous donne le dessin d'un palmier peint en noir sur le fond jaune clair d'un trapèze (ton de la pâte); deux autres trapèzes rouges encadrent ce motif. Un filet noir marque la délimi-

(1) « M. Heuzey a établi par des preuves qui me semblent irréfutables (*Mon. et Mém. Piot*, p. 19-20) que l'aigle hé-
« raldique à deux têtes, qui orne le drapeau de certaines nations modernes, est un emblème transmis à l'Europe par
« l'Orient et venu jusqu'à nous de la très vieille Chaldée. » E. Pottier : *Catalogues des vases antiques. Les origines*, p. 254.

tation de l'épaule et de la panse. Celle-ci a pour ornementation : une bande rouge ; une large zone claire (ton de la pâte) striée perpendiculairement de traits rouges et d'ondulations noires, alternés ; de grands triangles, opposés deux à deux par la pointe, interviennent, de distance en distance pour varier ce décor. Puis se succèdent, alternativement, deux bandes claires sillonnées chacune d'une ondulation noire. Pour terminer un large bandeau rouge, une raie claire et une bande d'un rouge vif encerclant le pied.

La curieuse série de ces vases, dont nous n'avons cité que les types principaux, nous donne, isolés ou associés, le décor géométrique, les figurations végétales, animales, humaines (fig. 266) et solaires. Nous n'avons que des fragments (fig. 250 et 251) des figurations animales combinées avec les représentations végétales.

Comme nous l'avons dit plus haut tous les décors ont été appliqués après la cuisson des poteries. La qualité des couleurs était bonne puisque le temps n'a pas réussi à les détruire.

Le tell de Suse, au cours des six premières campagnes de fouilles, nous avait livré quantité de débris appartenant à cette même céramique. Les décors étaient, pour la plupart, du style géométrique ; ils reproduisaient, plus rarement, des motifs empruntés au règne végétal. Comme nous les rencontrions à l'état de remaniements, mélangés à des casseaux de toutes provenances, il nous avait été, jusqu'ici, impossible d'en déterminer l'époque.

Enfin, durant l'hiver 1904, deux de ces grands vases furent découverts *en place, à vingt cinq mètres de profondeur* (1). Ils étaient accompagnés d'une grande jarre en albâtre du travail le plus archaïque (2). Cette pièce avait assez bien résisté à la pression des terres, très compactes à ce niveau, mais les poteries, écrasées par le poids du sol, étaient en morceaux. On en recueillit tous les fragments. Reconstitués aujourd'hui, ces deux vases flanquent la vitrine de la céramique de Moussian, comme termes de comparaison et pour attester la haute antiquité de ces produits de l'industrie humaine.

Fig. 287. — Nécropole de Tépé Aly-Abad. Poterie en terre noire à décor incisé avec incrustations de pâte blanche, 1/3 gr. nat.

Pour terminer l'étude des vases trouvés dans les nécropoles de Moussian, il nous reste à décrire un spécimen unique (fig. 287) qui provient d'une tombe de Tépé Aly-Abad.

C'est une poterie de terre noire à panse ovoïde, sans pied ; l'épaule est courte ; le col, de forme tronc conique s'évase vers l'orifice. Quatre oreillettes cylindriques, perforées d'un trou de suspension, font saillie sur le pourtour de la panse au point d'attache avec l'épaule ; elles sont symétriquement opposées deux à deux. Le décor est obtenu au moyen d'incisions pratiquées en

(1) Ce niveau est immédiatement supérieur aux couches du tell de Suse qui renferment les échantillons de poterie fine peinte et les silex de la pierre taillée ou polie.

(2) Ce vase figure dans la vitrine des albâtres de Suse, au Musée du Louvre.

pointillés qui figurent trois zones superposées de triples chevrons inscrits entre cinq lignes simples de pointillés. Le rebord du col est orné, par le même procédé, d'une seule bande de chevrons.

Tous les creux obtenus à la pointe sont remplis d'une pâte blanche ; ces incrustations produisent l'effet de perlettes se détachant sur le fond sombre de la pâte.

Deux fragments de poteries analogues ont été recueillis à Suse ; l'un porte une série de cercles incisés, remplis de pâte blanche ; l'autre, figuré au tome I de nos Mémoires, page 135, fig. 337, a été, en outre, cité par M. Heuzey(1). Il est orné d'un décor géométrique et de la figuration d'une barque dont l'avant supporte des hampes couronnées d'un disque et de trois croissants. Vu l'extrême rareté de ce genre de poteries nous étions fondés à croire qu'il était d'importation étrangère ; c'est l'opinion que nous nous avions exprimée (v. plus haut page 76) au sujet du vase reproduit à la figure 287.

Après la concluante étude de M. Heuzey aucun doute ne saurait subsister. Certes, on ne peut établir une comparaison, au point de vue artistique, entre les fines représentations animales des vases de Tello, les fragments de Suse et la poterie simpliste de Tépé Aly-Abad ; mais « pour tous les autres détails de la technique » la communauté d'origine est pleinement démontrée. La sépulture de Tépé Aly-Abad nous a donc bien livré un vase chaldéen apporté en Susiane par quelque émigré.

Vases en albâtre. — La céramique peinte des nécropoles était toujours accompagnée d'ustensiles en albâtre dans les tombes d'une certaine importance. La qualité de la matière est

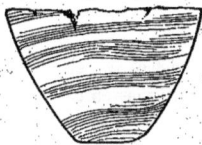 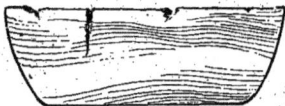 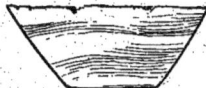

Fig. 288.   Fig. 289.   Fig. 290.

 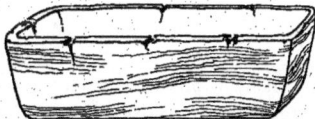 

Fig. 291.   Fig. 292.   Fig. 293.

Fig. 288 à 290. Nécropole de Tépé Aly-Abad. Jattes en albâtre. — Fig. 291. Id. Petit vase ovoïde, albâtre. — Fig. 292. Id. Augette de même matière. — Fig 293. Id. Petite jatte d'albâtre, 1/3 grandeur naturelle.

médiocre ; c'est un albâtre rubanné à grain grossier. Le peu de variété des types, petits vases ovoïdes, jattes plus ou moins profondes, augettes (fig. 288 à 293), la rudesse du travail, l'imper-

(1) *Revue d'archéologie*, vol. VI, n° 2, pl. III. *De la décoration des vases chaldéens*, p. 63.

fection du polissage, classeraient ces objets, à défaut d'autres renseignements, dans la catégorie des albâtres archaïques dont nous avons de nombreux spécimens à Suse.

Un autre genre se distingue tant par la spécialité de la forme que par le plus grand soin
de la main-d'œuvre. Ce sont, croyons-nous, des récipients où l'on conservait les fards ; ils con-
tenaient encore des résidus d'enduits verts ou bleus. Ces petits vases jumelés sont, d'une façon

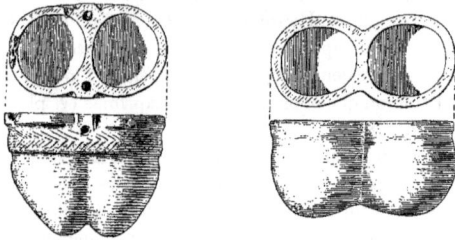

Fig. 294. — Nécropole de Tépé Aly-Abad. Petits vases jumelés, albâtre, 1/2 grandeur naturelle.

générale, en forme de cœur, une cloison médiane les sépare l'un de l'autre ; ils portent en rehaut,
autour de la double ouverture, un anneau plus ou moins développé, orné ou uni. D'aucuns
offrent, dans l'axe de la cloison médiane, deux oreillettes percées de trous de suspension, d'autres
en sont dépourvus.

Il est presque superflu d'indiquer le rapprochement avec les poteries jumelées des sépultures préhistoriques égyptiennes et de signaler la similitude des coutumes en ce qui concerne
l'emploi des fards.

Le bronze. — Les mobiliers funéraires se complétaient par la présence d'armes et, plus
rarement, d'outils et d'ornements de cuivre ou de bronze.

Parmi les armes, ce sont les haches qui dominent. Si l'on en considère la forme on pourra
juger que le métal n'était pas prodigué. Ces instruments ne pouvaient servir qu'à la guerre ou
à la chasse ; ils eussent été complètement impropres à tout autre usage et devaient agir par
pénétration, à la façon d'un coin, car le taillant est très peu développé. En limitant le plus possible la consommation du métal, l'arme était combinée de manière à pouvoir porter un coup
redoutable. Elle se décompose en deux éléments : une forte douille, coupée à sa partie inférieure
par une section oblique ; une lame allongée, à dos épais, plantée obliquement sur la douille et
terminée par un court taillant curviligne (fig. 295). La disposition de la hache, le mode d'emmanchement de la douille, concouraient à produire, en même temps qu'un choc violent, une
plus grande résistance au contre-coup.

Nous avons une variante aux formes décrites ci-dessus, dans une petite hache provenant de la nécropole de Tépé Khazineh (fig. 308). Ici l'arme se rapproche d'un type plus général ; elle s'implante perpendiculairement sur la douille qui est, elle-même, un cylindre régulier ; le taillant, plus développé, est en forme de croissant. Malgré les différences, ces divers instruments appartiennent à une période très archaïque.

On observe le même archaïsme encore plus aisément dans les têtes de lance, les pointes de piques, de javelines et de flèches.

FIG. 295. — Nécropole de Tépé Aly-Abad. Haches de bronze, 1/2 grandeur naturelle.

La tête de lance reproduite à la figure 296 est de grandes dimensions, aussi n'en avonsnous trouvé qu'une seule de ce genre ; c'était assurément une arme de luxe. Elle consiste en une lame plate, sans nervure, ni gouttière, affectant la forme de la feuille de laurier. La soie, également plate, se termine carrément ; elle est assez longue et forte pour assurer un emmanchement solide.

La pointe de pique, (fig. 297), de section quadrangulaire, devait être engagée profondément dans le bois de la hampe. Les fouilles de Suse nous ont fourni trois spécimens de ce dernier modèle.

12

FIG. 296.

FIG. 297.

FIG. 296 et 297. — Nécropole de Tépé Aly-Abad. Tête de lance et pointe de pique en bronze, 1/3 grandeur naturelle.

FIG. 298.   FIG. 299.   FIG. 300.   FIG. 301.   FIG. 302.   FIG. 303.

FIG. 304.

FIG. 305.   FIG. 306.   FIG. 307.   FIG. 308.

FIG. 298. Nécropole de Tépé Aly-Abad. Épingle de bronze ornée d'une perle de lapis-lazuli. — FIG. 299. Tépé Moussian. Épingle de bronze. — FIG. 300 et 301. Tépé Aly-Abad. Bâton de sceptre et anneau de bronze. — FIG. 302. Tépé Khazinéh. Pointe de javeline. — FIG. 303, 304 et 305. Tépé Aly-Abad. Pointe de flèche, pointe à deux dents, lame de bronze. — FIG. 306. Tépé Moussian. Pointe d'un ciseau. — FIG. 307. Tépé Aly-Abad. Pointe de lance. — FIG. 308. Tépé Khazinéh. Petite hache, 1/2 grandeur naturelle.

Nous avons en 307 une tête de lance terminée par une soie courte et pointue ; même disposition pour une pointe de javeline (302) provenant de Tépé Khazinèh et pour une pointe de flèche (303) représentée comme type général. Ces armes sont plates et en forme de feuilles de laurier. La petite pointe à deux dents (304) appartient à un type très ancien que nous avons retrouvé dans les tranchées de Suse.

Les ornements sont très rares dans les mobiliers funéraires ; nous citerons un long tube de bronze, tige d'un sceptre (300), d'après les analogues trouvés à Suse ; une épingle (299) provenant de Tépé Moussian, une autre épingle plus riche (298) dont la tête est formée d'une perle de lapis, et un anneau (301).

En fait d'outils, un seul objet est bien caractérisé ; c'est une pointe de ciseau (306) découverte à Tépé Moussian ; le numéro 305 qui fut trouvé dans une tombe de Tépé Aly Abad est d'un emploi moins certain. Ce peut être un ciseau, mais ce serait aussi fort bien une lame qui, fixée en son milieu dans l'encoche d'un bois, aurait servi en guise de hache.

Nous regrettons de n'avoir pu figurer un plus grand nombre de spécimens du bronze ; mais, d'une part, le métal est loin d'abonder dans la région de Moussian et, d'autre part, il a tant souffert de l'action du temps et de l'humidité qu'il était, le plus souvent, impossible d'en réunir les fragments pour reconstituer les formes.

C'est à dessein que nous avons rejeté la description des albâtres et des bronzes à la fin de cette étude, les caractères archaïques de ces objets contribuant à déterminer la date de la céramique des sépultures.

Quel âge convient-il d'attribuer aux vases peints qui nous ont été livrés par les nécropoles de la région de Moussian ?

Avant de nous prononcer nous appelerons l'attention du lecteur sur les observations suivantes :

1° La profondeur du niveau (vingt-cinq mètres) auquel ont été découverts, *en place,* dans le tell de Suse les vases identiques à cette céramique ;

2° La rareté du métal dans les sépultures ;

3° La facture primitive des albâtres et des objets de bronze (ou de cuivre ?) qui complètent les mobiliers funéraires ;

4° Le fait que les nécropoles n'ont jamais été l'objet de réoccupations, ce qui est démontré par l'examen du sol et des débris qu'il renferme. Quel que soit le mode de construction des tombes, les dépôts, poteries et armes qui accompagnent le corps, sont toujours semblables ;

5° Le style des décors qui ornent les vases, la profusion de l'ornementation. Pour résumer les arguments que l'on peut tirer de ces deux sujets nous ne pouvons mieux faire que de citer l'opinion d'un maître en la matière : « Il est certain que dans les périodes primitives tous les artistes obéissent à une loi qui est « l'horreur du vide ». Faire valoir l'importance d'un motif en l'isolant, en dénudant tout l'entourage, est l'invention d'esprits déjà raffinés (1) » ;

(1) E. Pottier : *Catalogue des vases antiques. Les origines,* p. 164.

6° Le mode d'interprétation des figures humaines et animales, la tendance à schématiser, indices d'un art à son début, très éloigné des règles constantes qui permettent de figer, pour ainsi dire, en des formules définitives les figures à représenter.

Toutes ces considérations concordent à établir la haute antiquité de la céramique de Moussian. Nous inclinons à penser que les vases peints des sépultures sont contemporains d'une époque très voisine de l'apparition du métal.

Bien d'autres sujets restent à traiter qui se rattachent à ces découvertes : composition des diverses pâtes, procédés de cuisson et de décoration ; rapprochements à établir entre ces poteries et celles de la Troade, des Iles et de la Grèce ; rayonnement de l'influence orientale dans les contrées adjacentes ; origine de la division en métopes ; filiation des figures humaines et animales schématisées, etc., etc. Cette étude critique dépasserait de beaucoup le cadre restreint d'une simple notice. Nous ne prétendons pas tirer les conclusions des découvertes de Moussian ; l'entreprise serait trop vaste : c'est affaire aux spécialistes de l'accomplir en toute autorité. Notre tâche, plus modeste, s'est limitée à leur fournir des renseignements précis, complets, détaillés, accompagnés d'un grand nombre de figures, afin que leur attention, sollicitée par cette céramique nouvelle, rencontre, dans ces pages, de quoi s'exercer avec fruit.

BIBLIOTHÈQUE NATIONALE
R.F.
IMPRIMÉS

CHAPTRES. — IMPRIMERIE DURAND, RUE FULBERT.

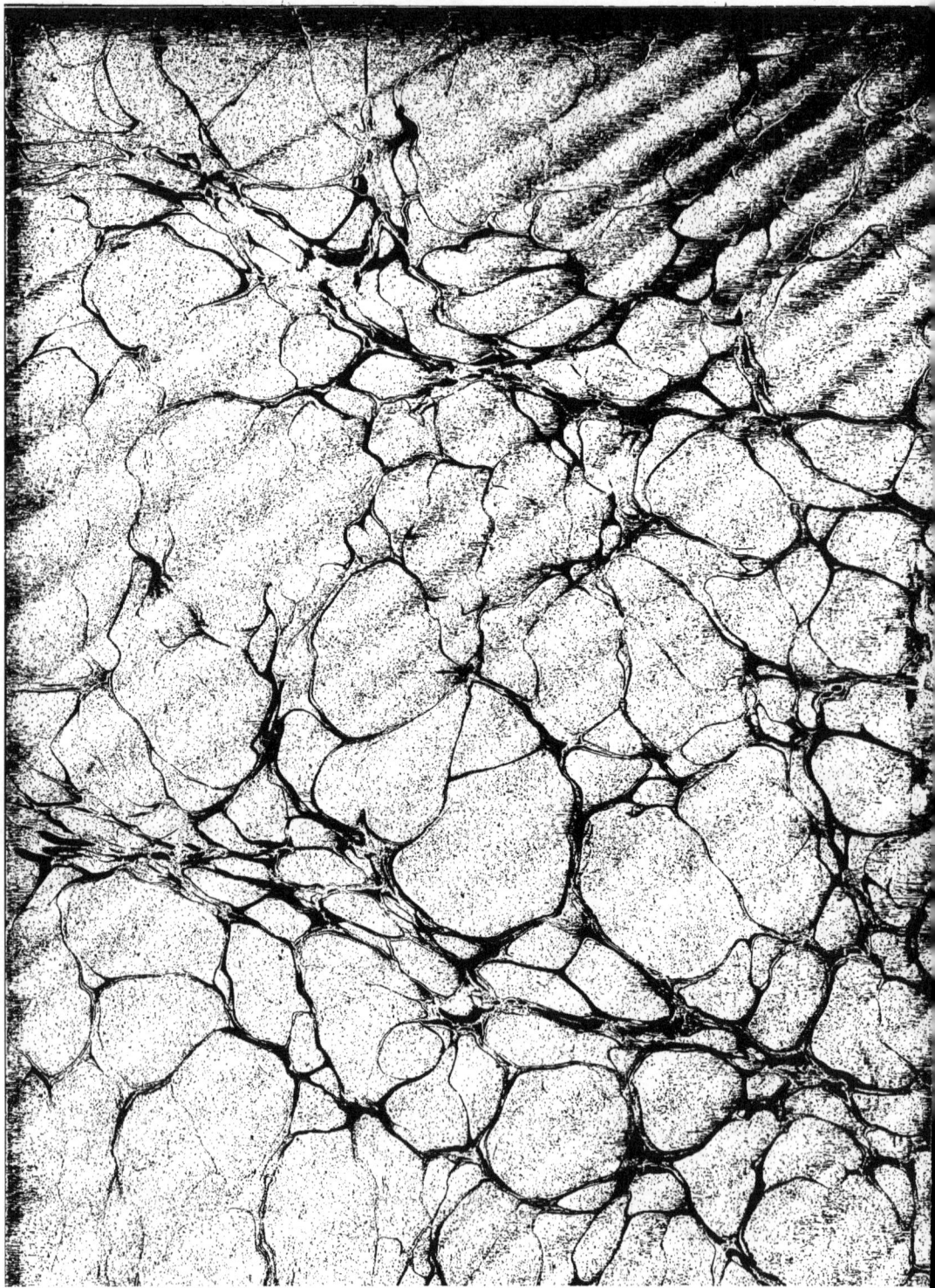

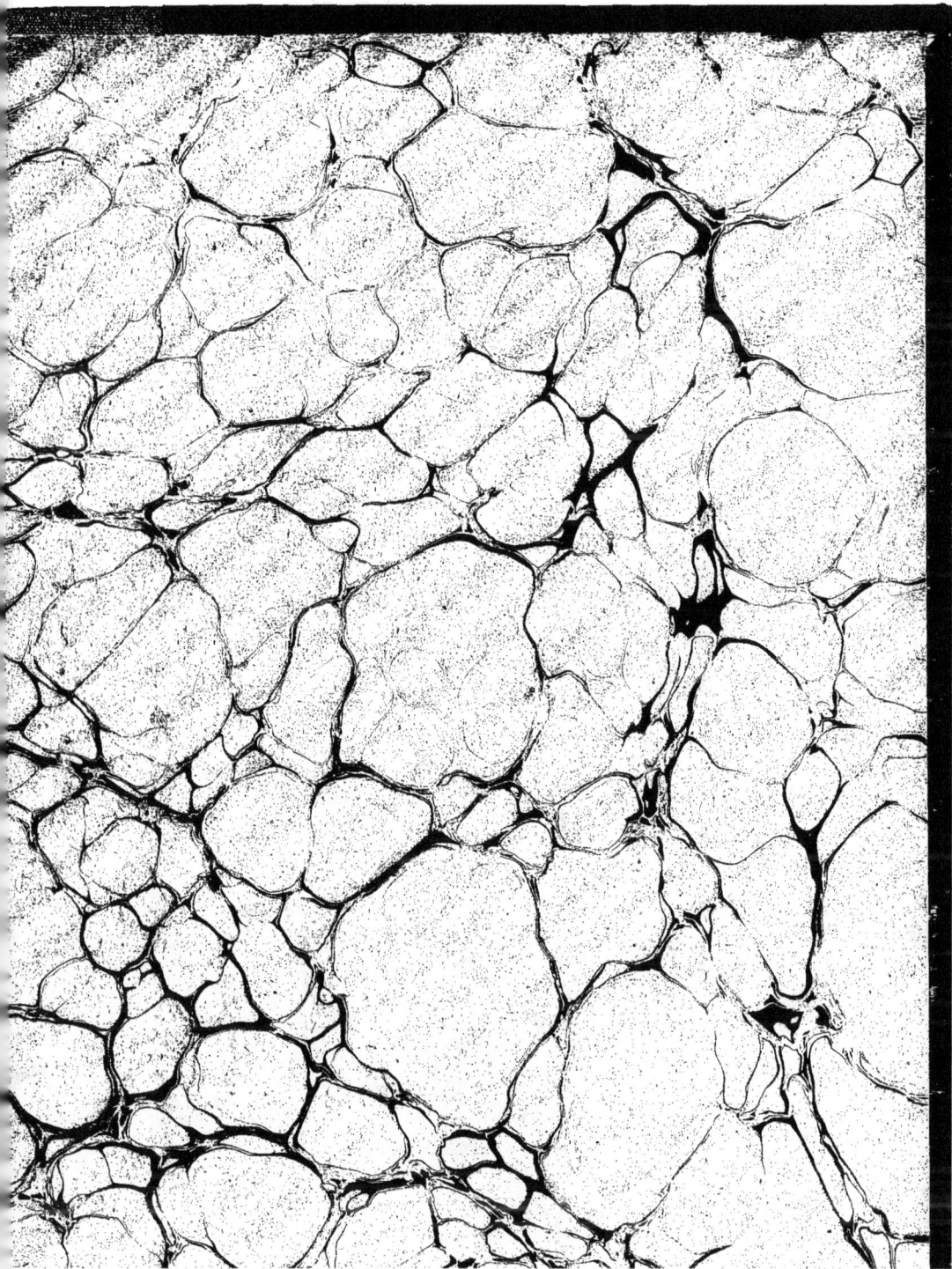

www.ingramcontent.com/pod-product-compliance
Lightning Source LLC
Chambersburg PA
CBHW060635100426
42744CB00008B/1632